全新增訂版

創造生命的奇蹟

影響五千萬人的自我療癒經典

自我療癒界第一夫人
露易絲・賀——著
謝明憲——譯

推薦序

你的生命你最重要

國際呼吸生命老師、紐約榮格學院心理分析師候選人　李宜靜

當方智的主編邀請我幫露易絲．賀的書寫序時，我毫不考慮就答應了。我怎能不答應呢？

是五、六年前吧，那段日子，我正面臨家庭、工作、愛情關係、身體健康、經濟等等問題的谷底。那是離婚之後兩年，我決定離開聯合國非政府組織公共關係部門執行委員的職位，離開一個慈善團體，離開一位大師，放下眾人景仰的所謂靈修呼吸老師的身分，離開一段愛情上癮的關係，離開一個我一直很依賴的朋友；這時我迷失了，我找不到自己了，我不知道自己是誰？那些長久以來我緊緊抓住用來定義我的名稱，證明我的存在與價值的身分、地位、關係等等，全部都不見了，就只剩下我一個人隻身在紐約這個大城市。我開始問：我是誰？我在那裡？我是什麼？

這真的太痛、太痛了，終於，我哭了出來，我跪下來、深深地哭泣尖叫，要求上天的幫助，我說，無論你是誰，上帝、菩薩、觀音、阿拉……無論你是誰，請幫我，我真的不

知道該怎麼辦了！

就在我奄奄一息的時候，第一次在紐約曼哈頓一個書店的架子上看到《You Can Heal Your Life》（你能夠療癒你的生命，中文版書名改為《創造生命的奇蹟》），我拿起了這本書，看著書名心裡想，真的嗎？這是真的嗎？我真的可以療癒自己嗎？我買下了這本書。回家開始貪婪地看這本書，我一看再看，用粉紅色的簽字筆在所有的肯定句下畫線。我照著書中的建議練習，一字字地寫下我內在深埋的恐懼、鄙視、憤怒、不寬恕、痛苦、悲傷等等負面的記憶與信念；慢慢地，我看見了問題的根源。原來不是外界的人事物造成了自己生命的困境，原來是我，是自己因小時候發生的一些事情，從而冷凍的傷痛記憶與情緒，長久壓抑隱匿而終不察的罪惡感與羞恥感，讓我覺得自己是不值得擁有愛、不值得被愛、不值得擁有豐盛幸福的生命，原來我一直這麼不原諒自己，不接納自己，不愛自己！是我自己，原來是我自己一手導演，為自己創造了一個不利自己的生命。

這時我才開始面對四年來為了慈善事業經常外出旅行，因而與八歲女兒聚少離多需要修補的關係；開始面對長久以來為了慈善理想而疏忽的經濟窘況：每個月擔心付不出房租，甚至債務高築；面對心臟因心悸而不時發病；然而，最難的，是我必須面對自己——那個我逃離了四十年一直沒有面對過的自己。這才發現我從來沒有好好地面對、照顧過自己靈魂深處那個傷痕累累的小女孩，反而常常批評她、背叛她、遺棄她，甚至恨她。我恨她不夠好，恨她不成材，恨她不完美，哦！我真的很不喜歡她，我恨鐵不成鋼！而她已經傷重地躺在濕冷的地上很久很久了，甚至已經失去了感受自己情緒的能力，我才驚覺原來自己已經麻木了這麼多年！

我哭著並溫柔地將內在這個小女孩抱在懷裡，放在心裡，告訴她我願意開始學習愛她、照顧她、保護她。我答應自己要開始學習愛自己，雖然很陌生，從來不知道該如何愛自己，但我願意學習。

就這樣，我慢慢地走出自己一手築起的困境。我照著露易絲書中溫柔堅定的引導，照著書中的練習題，慢慢一字字地寫出在我腦袋與心裡已經藏匿很久不斷傷害自己的信念——我不夠好、不夠完美、我不值得被愛；我生長在勞工家庭，所以注定一輩子沒有錢；錢必須辛苦工作才能賺到；我罪孽深重，所以要完全貢獻出自己，為全人類謀福，但不可以想到自己，要不斷地受苦，這樣也許救贖的一天終於會來到……天啊！我終於知道是什麼在傷害我了，原來就是這些舊有的、不適用的信念，這些原本用來防禦自己，如今卻是傷害自己的信念。我放下多年來一直緊抓不放的舊信念，我臣服那雙一直不斷傷害自己的手，我終於承認我不知道該怎麼辦，要求內在那個更高力量的指引。

在療癒自己的過程中，我終於開始感覺到那些長久以來被自己用工作上癮、愛情癮、拚命幫助他人而忘記照顧自己的共依存癮等不同上癮症長久壓抑冷凍而不察的傷痛。我每天好似有哭不完的淚水，壓下去的痛在身體內竄動，而能量上升到喉嚨；我感受到自己的恐慌，不斷地尖叫；我利用呼吸靜坐引領自己進入過去傷痛的記憶；我哭泣、尖叫、身體擺動舞蹈亂動；我將卡住的呼吸、身體、老舊而不適用的思想信念一一釋放。

就在我尖叫、哭泣了幾個月之後，有一天，奄奄一息的我依照露易絲書中的建議，看著鏡子，看入自己的眼睛，竟然看到自己眼睛裡有著一種堅定的力量，彷彿我的內在正在告訴我：「宜靜，你做得很好。要繼續做療癒自己的工作，你會沒事的。相信自己的力量，你的生命會越來越美好。」哦！這是真的嗎？我彷彿看到了一線曙光，我竟然在自己眼中看到了希望！我看著鏡子，告訴自己：「宜靜，你是值得被愛的，是值得擁有幸福的。」我不斷地告訴自己、提醒自己：「宜靜，你已經做得很好了，不需要再責備自己，下次也許會更好，但那是下次，今天、現在，你就是很好的，你夠好了。You are good enough!」

我將手臂張開，照著露易絲的引導，想像自己在大海邊，我的前方有無盡的大海，就像是無盡的幸福，我可以盡情地吸納這個取之不盡，無須競爭，全世界的人都可以分享的無盡幸福。

就像露易絲在書中溫柔肯定的應許，幾年後的今天，我已為自己創造了新的生命，一個我當初無法想像的美好生命：我與女兒的關係越來越好，與前夫的關係也慢慢在療癒；我越來越成熟圓融淡定；我有一段穩定健康熱情的感情關係；我的身體越來越好；我有紐約房屋仲介的執照；我是暢銷書的作者；我不再為金錢擔憂；我有穩定且越來越好的收入，銀行裡有讓自己安心喜悅的存款；我還了大部分的債務；我有一個自己擅長但工作時間不長，同時能讓自己的靈性不斷成長的教導呼吸療癒內在受傷小孩與心理分析身心靈健康的工作；我進入紐約榮格學院，成為榮格心理分析師的候選人；同時我的書也正在翻譯成英文，希望與全世界的人分享我療癒的經驗、力量與希望。

今天因為方智出版社決定出版《創造生命的奇蹟》全新增訂版，因而讓我有機會回顧生命，看到自己的轉化真的是一個奇蹟。如同在《你也可以創造生命的奇蹟——來自全球的自我療癒實證與方法》一書裡有來自全球因露易絲這本書而為自己創造的奇蹟，細看這些來自全球的奇蹟故事，每每被感動，也為這麼多的奇蹟而高興。同時，我嘉許自己已經做到了，也溫柔提醒自己是否還有不能原諒自己、不放過自己與他人的心結，並溫柔地告訴自己，宜靜，沒有關係，慢慢來，你可以慢慢地寬恕自己與他人，慢慢地做到。

露易絲在書中提到：「當我們真正能夠愛、接納並肯定現在的自己，生命就會活絡起來，彷彿到處都有奇蹟出現，我們的健康改善了、收入增多、關係更圓滿，並開始以充滿創意的方式展現自己。這一切，似乎都來得那麼自然。」

你的生命你最重要，而不是外界的人事物！當你可以了解到這一點時，生命中的人事物自然會就定位。我們是不是真正愛自己，是不是覺得自己現在已經夠好了，我很好，一切的發生都是來幫助我們了解這一點，都是來幫助我們創造自己幸福的生命，就等著我們放下一直緊緊抓住不願放下的。讓我們將手打開，迎接幸福的到來。

Loving Yourself is Loving God。愛你自己就是愛自己內在的神性，你就是神，力量不在外面，在你之內！當我開始愛自己的時候，生命的潛力終於發揮，我也終於知道我的天賦使命是什麼：是為了自己的幸福，也為了全世界的幸福。你我都是為了這樣的使命來到這個世界啊！祝福你我與天下的有情萬物！

（本文作者為《這樣呼吸效果驚人》與《愛與性的奇蹟課程》作者）

推薦序

療癒就從愛自己、認同自己開始

《零雜物》作者 Phyllis

我在二〇〇四年初次接觸《創造生命的奇蹟》這本書，其後陸續讀了四次。第一次只是匆匆瀏覽，沒當一回事，不過對於身體不適與心理模式之間的關連，倒是留下了粗淺的印象。隔年老媽罹患胃腺癌，被宣告只剩半年壽命，我為了找出療癒之道再次翻閱此書，因為作者露易絲．賀女士曾透過改變想法和信念，使自己的癌細胞完全消失。

露易絲說，怨恨、批判、恐懼和罪惡感，最容易讓我們出毛病。胃病和恐懼、緊張、長期的不確定有關，癌症則肇因於長久積壓的怨恨。癌症患者容易為自己的問題責備他人，批判自己。換句話說，他們較難寬恕，也不愛自己。然而，寬恕是化解癌症的良藥，愛自己和認同自己更是活絡生命力的關鍵所在。

老媽獨力拉拔我長大，期間挨過數不清的恐懼、緊張和不安全感，而她的怨念也反覆呈現在我從小聽到大的負面言詞之中。我告訴老媽這層道理，請她試著寬恕恨了一輩子的人，可惜為時已晚。露易絲寫道：「對於那些怨恨深重的人，我往往會告訴他們：『請現在就開始化解你的怨恨，因為相較之下，現在做起來還比較容易。千萬別等到躺在醫生的手術刀下或垂死的病榻上時，才想著要化解，因為那時你可能還得應付自己的恐慌。』」

我無力挽救老媽，面對至親之死與隨之而來的罪惡感，我開始怨恨和批判自己。老媽往生半年後，我漸漸出現胃部抽搐和劇痛症狀。胃鏡報告顯示，我因胃食道逆流而有食道發炎、胃發炎和十二指腸潰瘍等症狀，基於我有胃癌家族史，醫生建議我每半年照一次胃鏡。

我不想活受罪，因此繼前兩次的囫圇吞棗後，我認真將此書重讀了兩回。露易絲問胃病患者：「有什麼人事物是你無法『消化』的？什麼事情讓你牽腸掛肚、難以釋懷？」她也明確指出，腸子出問題是因為害怕釋放陳舊和不需要的東西，潰瘍則源自一種認為「自己不夠好」的巨大恐懼。

仔細想想，我確實認同了老媽的長期批判而覺得自己很差勁，不值得被愛，不值得以自己提供的服務換取合理的報酬，還經常用垃圾食物虐待身體，將滿室的雜物和房貸重擔攬在自己身上，並且總是抱怨個沒完。我的腸胃問題毫無疑問是自己的負面想法所造成，因為每一個外在結果都是內在思考模式的自然展現。

為避免步上老媽的後塵，我積極練習書中教導的肯定句法和清單法，也經常選定某個事件練習寬恕。所謂肯定句法是指正面地陳述出自己想要的生活方式，清單法則是列出他人拋給自己的負面訊息和限制性信念，並一一自潛意識中釋放。許多人曾因實踐上述方法而受惠，露易絲的另一本書《你也可以創造生命的奇蹟》裡面的一百四十個見證，正是成功療癒疾病、克服上癮症、吸引財富、轉化舊信念等的奇蹟個案。

露易絲的教導還包括對鏡法，也就是對著鏡中人說「我愛你」「我值得……」等正面肯定句。這門功課看似簡單，實則挑戰甚鉅，至今我這麼做時仍會感到彆扭。面對可能的抗拒，我傾向以《奇蹟課程》裡的一句話來說服自己，那就是：「你寧願自己是對的，還是寧願自己幸福？」此外，露易絲提出的建議我也力行不輟，亦即：「要想著那些讓你快樂的想法，做那些讓你感覺很棒的事，和那些讓你覺得愉快的人相處，吃那些讓你的身體覺得舒服的食物，以讓你感覺愉快的步調過生活。」

如今我已大幅減少抱怨次數（雖然噪音偶爾還是會令我抓狂），不再半推半就地接下可能令自己後悔的案子，主動與只會帶給我負面情緒的友人失聯，盡可能避免吃進高熱量、低營養價值的食物，經常覺察自己的念頭、提醒自己放鬆，並在清除家中所有陳舊和不需要的雜物時，釋放並轉化負面信念，打掃心靈之屋。而這些改變，確實提高了我的生活品質，也讓我的胃痛逐步獲得緩解。

我們的想法和話語威力無窮！如果能為自己加油，又何苦給自己洩氣？療癒的第一步，就從愛自己、接受和認同自己開始。這是過去八年來，我從《創造生命的奇蹟》中所汲取的智慧。未來的課題仍多，幸運的是，我總有此書相伴。

CONTENTS

第三部——**觀念篇**

第四部——**實踐篇**

給讀者的建議

為了與讀者分享我所了解及所教導的一切，我寫了這本書，內容涵蓋我之前出版的一本小小藍皮書《療癒你的身體》（Heal Your Body）所提及的概念，該書現在已經被公認為探討造成身體不適的心理模式方面的權威著作。

由於我收到了成千上萬的讀者來信，他們都希望我能多分享一些資訊；再者，許多來找過我諮商，以及參加過我在世界各地舉辦的工作坊的朋友，也都希望我能抽出時間寫書。於是，本書就在這樣的因緣際會下與讀者見面了。

我將這本書的內容安排成一套漸進的課程，與我在為人諮商或舉辦工作坊時的做法相同。因此，只要循序漸進地完成書中的練習，你的生命就會開始改變。

我建議你先把這本書從頭到尾讀過一遍，接著再慢慢地細讀第二遍，並挪出時間確實完成每一個練習——如果可以，請找朋友或家人一起做。

全書的每一章都以一則「肯定句」作為開場白。當你針對生命中的某個領域下工夫時，可以好好利用相對應的肯定句。每一章都請花二至三天的時間來研讀、做練習，並持續唸誦和抄寫該章開頭的肯定句。

每一章的最後則以一段充滿正面想法的「療癒文」作結束，它的用意是要改變你的意識，所以建議你每天多誦讀幾次。

至於本書的第一章，我則分享了自己的故事，因為我知道它會讓你明白，不論出身有多卑微，我們都可以全然改變自己的生命，讓它變得越來越好。

請記住，你在運用這些觀念的時候，我也帶著愛在一旁支持你、陪伴你。

第一部
露易絲的人生

我清除自己的抱怨模式，不再怪罪任何人。

第一章 我的故事

「我們都是一體的。」

「請大概描述一下你的童年。」如果有人來尋求諮商，我經常會問對方這個問題。我並不是想聽所有的細節，而是想知道他們有些什麼樣的心理模式。事實上，那些人現在碰到的問題，都是他們好久以前的心理模式造成的。

因為不斷遭受暴力，讓自尊變得低落的童年

我才十八個月大，父母就離婚了。我不記得這件事有多糟，但真正讓我覺得可怕的記憶，是母親必須到別人家裡幫傭，只好把我托給別人照顧。據說，當時我連續哭了整整三個星期。照顧我的人實在沒轍，母親只好把我帶回家另作打算。現在回想起來，她一個單親媽媽能處理這麼多事，實在很了不起。但當時我所知道、所在乎的是，我再也無法得到

以往那種愛的關注了。

我一直無法確定，當時母親到底是真的愛我繼父，還是為了給我們一個家才再婚的？不過，再婚這件事並不是個好決定。我的繼父來自一個嚴苛的德國家庭，除了暴力以外，他不曉得其他的治家之道。後來母親懷了我妹妹，又碰上一九三〇年代的經濟大蕭條，於是家庭暴力就成為我們的家常便飯。那一年，我五歲。

此外，還發生了另一件事。大約就在那個時候，我的鄰居——我記得他是個老酒鬼——強暴了我。醫生檢驗的過程，以及我在法庭上作證的情景，至今仍鮮明地印在我的腦海中。後來那個人被判了十五年徒刑，卻不斷有人跟我說：「這都是你的錯。」因此有好幾年的時間，我都很害怕那個人出獄後會找我報復，因為是我害他入獄的。

我的童年大半是在身體及性的虐待中度過，而且平常還要做許多勞役工作。我的自我形象變得相當卑微，似乎很少有好事會發生在我身上。於是，我的這種思維模式開始在外在世界具體呈現。

我過往的典型生命模式可以從小學四年級發生的一件事看出來。某天，我們學校舉行派對，有一些蛋糕要分給小朋友吃。這個學校的學生除了我之外，大多來自生活寬裕的中產階級家庭。而我穿著舊衣服，剪了個可笑的香菇頭，穿著一雙黑色的高筒鞋，身上還有股怪味道，因為我每天必須生吃大蒜來「驅蟲」。我們家從來沒有蛋糕可吃，因為買不起。我家隔壁有位老太太每星期都會給我十分錢，而每當我過生日或聖誕節時，她就給我一美元。不過，那十分錢最後都成了我們的家用，一美元則用來在廉價商店購買我一年穿的內衣褲。

那一天，他們切了好多蛋糕。那些每天都有蛋糕吃的小孩，有的人還拿到兩、三塊。最後，當老師走到我面前時（我當然排在最後面），蛋糕已經沒有了。連一塊也沒剩下來！

現在我很清楚地知道，之所以會發生這種狀況，是因為我當時已經認定我沒有價值，我不值得擁有任何事物。正是這樣的信念讓我排在最後面，因而分不到蛋糕。這就是我的模式。事實上，這些狀況只不過反映了我的信念。

逃離家裡，但依然無法逃離原來的生命模式

十五歲那年，我再也無法忍受性虐待，於是逃離家裡和學校。我在一家小餐館找到服務生的工作，那似乎比我在家裡做的粗活輕鬆多了。

出於對愛與感情的渴望，加上自尊心低落，當時的我願意將身體奉獻給任何一個對我好的人。於是，在我十六歲生日過後不久，我產下一名女嬰。懷孕的時候，我就知道自己無力撫養這個孩子，只好替她找一個有愛心的好人家。我找到一對沒有小孩的夫婦，他們一直很想有個孩子。生產前的四個月，我都住在他們家裡。小孩生下來之後，就跟隨他們

的姓氏。

在這種情況下，我絲毫沒有體驗到為人母的喜悅，反而只有失落、內疚和羞恥感。那是一段不光彩的日子，我只希望那段歲月盡快結束。我唯一記得的，是那個孩子和我一樣，有著異於常人的大拇趾。此生如果有緣再見面，只要讓我看一下腳趾頭，我一定可以認出她來。生下孩子的第五天，我就離開了。

我立刻趕回老家，對著我那還在扮演受害者的母親說：「夠了，你再也不必忍受這一切，我要帶你離開這裡！」於是母親便跟著我走，丟下十歲的妹妹。反正她一直都是她老爸的寶貝女兒，就讓她跟著她父親吧！

我在一家小旅館幫母親找到一份女傭的工作，並將她安頓在一間舒適的公寓裡。我覺得自己的義務已經完成，便與一位女性友人前往芝加哥，打算在那裡待一個月。結果這一離開，就是三十年。

在早年那些歲月裡，由於小時候經常遭受暴力，加上長久以來的無價值感，於是我不斷吸引那些會虐待我、經常打我的男人進入我的生命。原本這輩子我很可能會過著同樣的日子，然後痛罵男人度過餘生，但透過正面思考，漸漸地，我的自尊提升了，而那些男人也開始離開我的生命，因為他們已經不符合我潛意識中的新信念了。我並不是原諒他們的作為，而是我了解到，把那些人吸引過來的，是我自己的心理模式。

生命出現轉折

在芝加哥做了幾年卑微的工作後，我來到紐約，並且很幸運地成為時裝界的模特兒。不過，在名設計師旗下擔任模特兒，對我的自尊並沒有太大的幫助，反而只是給我更多機會挑剔自己。我拒絕承認自己的美貌。

在時裝界待了許多年後，我遇見一位優秀的英國紳士，最後與他步上紅毯。我們一起環遊世界，晉見皇室貴族，甚至還在白宮吃晚餐。儘管身為模特兒，並擁有一位令人稱羨的好丈夫，我的自尊還是很低落；直到幾年後我開始對自己的內在下工夫，情況才略有好轉。

結婚十四年後，就在我開始相信好事會長久時，有一天我丈夫突然對我說，他另結新歡了。是的，當時我崩潰了。但時間會往前走，我終究繼續過我的人生。我可以感受到自己的生命正在轉變。某年春天，一位命理學家鐵口直斷地說，秋天時會發生一件小事，因而改變我的一生。

這件事實在太微不足道了，以致幾個月後我才注意到它。在很偶然的機會下，我參加了紐約市宗教科學派教會的聚會。他們講的內容對我而言全然陌生，但我內在卻有個聲音在說：「注意聽！」於是我就專心聽講。後來，我不但去聽星期日的講道，還開始參加他們每星期一次的課程。我對美麗與時髦的世界不再感興趣，因為我還能繼續關心我的腰圍和眉毛形狀多久？自從高中輟學以來，我就沒再讀過書，結果現在我卻搖身一變，成了求知若渴的學生，狼吞虎嚥地吸收所有和玄學及療癒有關的知識。

宗教科學派教會成了我的新家。雖然大部分的生活還是一如往常，我卻花越來越多的時間研究那些課程。三年後，我通過考試，成為教會的合格治療師。我就這樣開始擔任教會的諮商員。

這是個小小的開始。這段期間，我開始學習超覺靜坐。由於隔年教會並未舉辦神職人員的訓練課程，所以我決定做一些特別的事。我打算去超覺靜坐的創始人瑪赫西大師在愛荷華州創辦的瑪赫西國際大學研修半年。

對當時的我來說，那個地方真是太完美了。第一學期的每個星期一上午會學習新的主題，都是一些我只聽過名字的學科，例如生物學、化學，甚至是相對論。每個星期六早上舉行測驗，星期日放假，然後星期一上午再繼續學習新東西。

這裡不像紐約有那麼多令我分心的事物。吃過晚餐後，大家就各自回房讀書。我是整個學校年紀最大的學生，但我卻愛極了在這裡的每一刻。這個地方不准抽菸、喝酒、嗑藥，每天還要靜心四次。離開學校那天，我甚至覺得自己在機場如果聞到菸味，可能會不支倒地呢！

回到紐約之後，我重新展開我的生活。沒多久，我就參加了神職人員的訓練課程。我在教會裡變得非常活躍，並積極參與教會的社交活動。我開始在中午的聚會發表演說，並為人諮商。很快地，這就成為我的專職工作。因為工作的關係，讓我想要撰寫《療癒你的身體》這本小書，內容是講述身體疾病與心理原因之間的關連。接著，我開始到各地旅行、演講，並開辦一些課程。

癌症找上門，因而有了從心開始療癒的機會

後來有一天，我被診斷出罹患癌症。

從我五歲就被強暴、童年經常被毆打的成長背景來看，會得到陰道方面的癌症是可以理解的。

如同其他被告知罹癌的人一樣，剛開始我也是完全陷入恐慌。但我的諮商經驗讓我知道，從心療癒是有效的，此時正是我親身印證的機會。畢竟，我自己寫了一本有關心理模式的書，我知道癌症是長期懷抱深沉的怨恨所造成的，它會侵蝕整個身體。此時我才明白，原來我一直拒絕化解童年時期對「他們」的憤怒及怨恨。事不宜遲，於是我開始展開療癒自己的工作。

「不治之症」這個詞讓許多人望而生畏，但對我而言，它的意思是：這個特殊狀況無法透過任何外在方法治療，唯有深入內在，才有辦法療癒。如果我沒有清除內在造成癌症的心理模式，而想要透過手術來切除癌細胞，那麼最後醫生一定得不斷地為我切除、切

除，再切除，直到把我整個人切光為止。我可不想那樣。

只要清除導致癌症的心理模式，那麼切除癌細胞之後，它們就不會再長出來。如果癌症或其他疾病又復發，我認為絕對不是因為醫生沒有「完全清除乾淨」，而是病人本身的心理模式沒有改變，他們的病才會復發。也許下一次是發生在身體的其他部位。

我也相信，只要清除導致癌症的心理模式，我甚至可以不必開刀。因此，我便以沒錢動手術為由，向醫生爭取了三個月的時間。

我馬上為自己的療癒負起責任，開始閱讀並研究任何幫得上忙的療法。

我到幾家健康食品店買了每一本和癌症有關的書，還去圖書館研讀更多資料；我去了解腳底按摩和灌腸療法到底是怎麼回事，並相信它們對我會有所幫助。我似乎被引導去認識對的人。研究完腳底按摩之後，我打算找一位有實際經驗的治療師。後來我去聽一場演講，通常我都是坐在前排，這次卻被迫坐在後面聽講。不到一分鐘，有位男士走過來坐在我旁邊，結果你猜怎麼著？他竟然是個腳底按摩師！後來連續兩個月的時間，他每星期都來幫我做三次腳底按摩，這對我的幫助很大。

我也知道，我必須比從前更愛自己。小時候我很少表達愛，也沒有人告訴我對自己感覺美好是正確的事。我接收了「他們」對我的態度，不斷地挑剔、批判自己，這似乎成了我的第二天性。

在教會工作之後我才了解到，原來愛自己、肯定自己不但沒關係，而且還是必須的！

但以前我卻一直拖延。這就像節食一樣，你總是會說：「明天再開始吧！」但我再也不能拖了。起初，有些事情我很難做到，例如站在鏡子前面說「露易絲，我愛你，我真的很愛你」之類的。但堅持下去之後，我發現，當生活中發生某些以前會讓我嚴厲指責自己的狀況時，我竟然可以藉由對鏡法及其他練習的幫助，而不再責備自己。原來，我進步了。

徹底淨化身心，癌細胞不見了

我知道，我必須清除童年時期以來所抱持的怨恨模式，我必須不再怪罪任何人才行。沒錯，我的確有個飽受身體、心理及性虐待的坎坷童年，但那些都是多年前的往事了，不該成為我現在虐待自己的藉口。事實上，我就是因為沒有寬恕，才會讓癌細胞侵蝕我的身體。

現在，我該超越那些事件本身，並開始了解究竟是什麼樣的經驗，導致那些人以那種方式對待小孩。

透過一位優秀治療師的幫助，我以搥打枕頭、大聲怒吼的方式，發洩了累積在心中的所有憤怒。這讓我感覺更清淨了。接著，我開始從父母說過的故事中拼湊出他們的童年，看見我父母整個的生命圖像。隨著我逐漸了解，並用成熟大人的眼光看待一切，我開始同情他們遭受的痛苦；而我對他們的指責，也逐漸化解了。

此外，我還找了一位優秀的營養師來幫我淨化身體及排毒，清除我這些年來吃下的垃圾食物。我了解到，垃圾食物會累積在身體裡，最後變成身體的毒素；同理，無用的思想也會累積在心中毒害心靈。我進行嚴格的飲食控制，除了大量的綠色蔬菜之外，幾乎沒吃太多別的。頭一個月，我甚至每星期接受三次的灌腸療法。

我並沒有動手術，然而，藉由徹底淨化身心，我在被宣布罹癌六個月後再去看醫生，果然不出我所料，醫學專家證實我的癌細胞全部不見了！現在，我從個人的實際經驗中了解到：**只要願意改變自己的思想、信念和行動，疾病是可以療癒的！**

有時候，表面上看似極大的悲劇，其實會變成生命中最美好的事。那次的經驗讓我學到很多，並開始以新的方式珍惜自己的生命。我開始探求人生真正重要的事物，最後決定離開紐約這個沒有綠樹的城市，以及它那惡劣的氣候。不過，來找我諮商的人裡面，有些人堅持說如果我離開他們，他們會「死掉」。我只好向他們保證，我每年會回來紐約兩次，看看他們有沒有進步，而且電話無遠弗屆，到哪裡都連絡得到。於是，我結束了紐約的事業，悠閒地搭火車前往加州，打算在洛杉磯重新開始。

雖然我出生在洛杉磯，但我在這裡幾乎不認識任何人，除了我母親和妹妹之外，而她們兩個都住在離市區大約一小時車程的郊區。雖然我的家庭一向不開放也不親密，然而當我得知母親已經雙眼失明，卻沒人通知我時，我仍然感到不悅和詫異。我妹妹因為「忙得不可開交」而無法來看我，我就隨她去，開始為自己的新生活做準備。

我那本《療癒你的身體》為我打開許多扇門。我開始參加各種新時代的聚會，在會中介紹自己，並在適當的時機發送那本書。前半年我經常到海邊去，因為我知道一旦開始忙起來，我就很難有時間享受這種悠閒的時光了。慢慢地，開始有人來找我諮商，各地也有人邀請我去演講。事情接踵而來，我在洛杉磯還挺受歡迎的。不到幾年的時間，我就有了一個舒適的家。

我在洛杉磯的生活與我早年在此的成長環境比較起來，可說有天壤之別。現在一切都非常順利。人的生命竟然可以這麼快就產生一百八十度的轉變！

和母親及妹妹共同療癒彼此之間的關係

有天晚上，我接到妹妹的電話——這是兩年來的第一次。她告訴我，母親已經九十歲了，雙眼全盲，耳朵也幾乎聽不見，現在又因為跌倒而摔斷了背。瞬間，母親從一個堅強而獨立的女性，變成無助而痛苦的小孩。

雖然母親摔斷了背，但這件事卻打破了圍繞著我妹妹的那堵牆。從此，我們姊妹倆開始有了交流。我發現，原來妹妹也有嚴重的背部問題，而且她的背已經痛到影響行住坐臥。她默默地承受痛苦，而且顯得食欲不振，但她的丈夫竟然完全不知道她病了。

母親住院一個月後就出院回家休養，但她根本無法照顧自己，於是就搬來和我同住。

儘管我信任生命的過程，但我實在不知道該如何處理這件事。於是我對神說：「好吧，我會照顧她，但祢必須幫助我，祢得提供金錢方面的援助！」

我們母女倆都有許多需要彼此適應的地方。她搬來我家那天是星期六，而下個星期五我必須到舊金山四天，且非去不可。然而，我又不能留她一個人在家。於是我對著神說：「神啊，祢來處理這件事吧！我離開之前，要有適合的人來幫我的忙。」

結果到了下個星期四，完美的人選真的出現了。她搬進我家，替我料理家務，並照顧我母親。這再次印證了我的基本信念：「我必須知道的一切，都會顯現在我面前；我需要的一切，都會以神聖的適當順序來到我身邊。」

我知道這又是我另一項人生功課，我必須趁此機會清除童年累積的許多垃圾。小時候，母親無法保護我，但我現在有能力且願意照顧她。於是我與母親及妹妹之間，展開了一場全新的冒險。

就在我答應妹妹幫忙照顧母親時，另一項挑戰出現了。我得知，原來當年我把母親拯救出來之後，繼父便將他的憤怒和痛苦全都轉移到妹妹身上，從此對她拳腳相向。

我知道，妹妹原先的身體病痛因為恐懼和緊張而加重了病情，而且她覺得沒有人可以幫助她。於是，露易絲出現了。但我並不是來當解救者的，而是想給妹妹一個機會，讓她在此刻為自己的人生幸福做出抉擇。

揭開面紗的過程慢慢展開，而且直到今天，這個過程還一直持續著。在探索各種療法的同時，我也為妹妹營造一個安全的氛圍來進行治療。我們一點一點在進步。

另一方面，我母親也有很好的回應。她每天都盡可能運動四次，而且身體越來越強壯、越來越靈活。我帶她去裝助聽器，於是她對人生又燃起了希望和興趣。另外，我還說服母親接受單隻眼睛的白內障移除手術。她終於重見光明，我們也透過她的眼睛看見這個世界，真是令人開心！能夠再次看書讀報，讓母親非常高興。

母親和我開始找時間坐下來聊天，這是以前從未有過的事。我們母女之間有了一份新的理解。我們越來越能夠一起哭、一起笑，然後擁抱對方。當然，有時她也會踩到我的「地雷」，然而這不過是要讓我知道，我內在還有某些東西需要進一步清理。

母親在幾年前平靜地離開了人世。我愛她，也很想念她。我們完成了母女在一起所能做的一切。現在，我們兩個人都自由了。

第二部
露易絲的人生觀

我必須知道的一切，都會顯現在我面前。

第二章 我的人生觀

每個人都必須為自己的生命經驗負起完全的責任。
我們的每一個想法都在創造未來。
生命最有力量的一刻，就是當下。
自我憎恨和內疚，是痛苦之源。
每個人心中最根本的想法都是：「我不夠好。」
然而，它不過是個想法，而想法是可以改變的。
所謂身體的「疾病」，是我們自己創造出來的。
怨恨、批判和內疚，是最具傷害性的思維模式。
只要放下怨恨，連癌症都會消失於無形。
我們必須放下過去，並寬恕每一個人。
我們必須願意開始去學習愛自己。
當下的自我肯定與自我接納，是邁入正向轉變的關鍵。

當我們真正愛自己時，人生就會變得一帆風順。

在我無盡的生命中，一切都是完美、圓滿而完整的，卻也不斷在改變。
生命無始無終，只有「本質」和「體驗」的無盡循環。
生命永遠不會停頓、靜止或一成不變，因為每一刻都是全新的一刻。
我與當初創造我的力量同在，而這股力量也賦予我創造自身境遇的能力。
我能隨心所欲地運用內心這股力量，明白這一點令我欣喜不已。
只要走出過去，生命的每一刻都是新的開始。
此時此地，就是我全新的起點。
在我的生命中，一切都是美好的。

第三章　我的信念

「通往智慧與理解的入口，永遠是敞開的。」

生命真的很簡單，給出什麼，就得到什麼

我們如何看待自己，會造就我們成為什麼樣的人。我相信，不論發生的是好事或壞事，每個人（包括我自己）都必須為自己生命中的一切負起責任，因為我們的每一個念頭都在創造自己的未來。每個人都在用思想和感受打造自己的生命體驗；事實上，我們的人生經歷，都是自己的想法和言語創造出來的。

我們創造出自己的人生際遇，接著又放棄這股創造力量，而將人生的挫敗歸咎於他人。但事實上，根本沒有任何人、事、地、物有能力控制我們，因為可以主宰我們內心想法的，唯有「我們」自己而已。當我們讓自己的心處於平安、和諧及平衡的狀態時，我們就會在生命中找到平安、和諧及平衡。

以下哪個句子比較符合你的想法？

「別人總是故意找我麻煩。」

「人人都很樂意幫助我。」

這兩個信念會創造出截然不同的經驗，因為我們對自己及生命的看法，會形成真實的人生境遇。

宇宙會全力支持我們選擇的想法和信念

換言之，不論我們選擇相信什麼，我們的潛意識都會接受。也就是說，我對我自己及生命的看法，會成為我真實的人生境遇；你對你自己及生命的看法，也會成為你的人生境遇。至於要怎麼想，我們有無限多種選擇。

一旦明白這一點，我們當然就會選擇「人人都很樂意幫助我」，而不是「別人總是故意找我麻煩」了。

宇宙從來不會評斷或批判我們

宇宙只是完全地接納我們，然後將我們的信念如實反映在現實生活中。因此，倘若我相信生命是孤獨的、沒有人愛我，那麼這種狀況就會真的出現在我的現實人生裡。

然而，一旦我願意放下這個信念，然後肯定地告訴自己：「愛無所不在；我可以愛人，也可以被愛。」並一直抱持著這個新想法，經常這樣反覆對自己說，那麼它就會變成真實的人生體驗。此時，我的生活中會出現充滿愛的人，而那些原本就存在我生命裡的人則會變得更加愛我，我也更容易向他人表達愛。

大多數人對自己的「本來面目」存有許多愚昧的想法，對於「應該如何過生活」也有太多僵化的規則

這並不是在譴責我們，因為我們當下都已經盡力做出最好的選擇了。然而，如果可以更深入地了解和覺察，我們就會有截然不同的做法。因此，請勿貶低現在的自己，你之所以會發現這本書、認識我這個人，正表示你的生命即將發生全新的、正向的改變，你要為此感謝自己。「男兒有淚不輕彈！」「錢不能交給女人管！」活在這些限制性信念中也太綁手綁腳了。

我們小時候對自己、對生命的感受，都是從周遭大人的反應學來的

我們就是以這種方式學習如何看待自己和這個世界。因此，如果你是與一群非常不快樂，充滿恐懼、內疚或憤怒的人生活在一起，那麼你對自己、對這個世界的看法就會變得很負面。

「我做什麼都不對。」「都是我的錯。」「如果生氣，我就成了差勁的人。」諸如此類的信念往往造成一個令人沮喪的人生。

長大後，我們會傾向再造小時候那種「情緒環境」

這當中沒有好壞、對錯的問題，我們之所以這麼做，只是因為我們內在所認識的「家」是這樣的。此外，我們也傾向在自己人際關係中再創造出我們與母親或父親，或者父母之間的關係。想想看，你以前的情人或老闆是不是都「剛好像」你的母親或父親？

我們也會以父母對待我們的方式來對待自己，用同樣的方式責備及懲罰自己——如果仔細聽，你會聽到和父母當時罵你幾乎一模一樣的話。同樣地，如果你小時候備受疼愛及鼓勵，那麼你現在也會以同樣的方式愛自己、鼓勵自己。

「你做什麼都不對。」「都是你的錯。」——你多常對自己說這些話？

「你很棒。」「我愛你。」——你又多常這樣告訴自己？

然而，我不會因此責怪父母

其實，我們都是受害者的犧牲品，況且父母也不可能將他們不知道的東西教給我們。如果父母連如何愛自己都不知道，他們怎麼可能教你愛自己？畢竟，他們已經根據自己小時候學到的東西，盡力去做了。

如果想進一步了解自己的父母，可以和父母談談他們的童年往事；只要帶著同理心去聆聽，你就會明白他們的恐懼及僵化模式從何而來。然後你會發現，那些「對你做了一堆狗屁倒灶事」的人，原來也和你一樣受過傷害、一樣恐懼。

我相信，是我們選擇了自己的父母

每個人都是自己決定在某個時空點上降生到這個人世間的。我們選擇來到這裡，是為了學習某些特定的人生功課，好讓我們往靈性及進化的道路邁進。我們選擇了自己的性別、膚色和國籍，接著又尋找一對可以配合我們此生功課的父母，他們反映了我們這一世要努力的面向。結果長大之後，我們卻往往哭著指控父母：「都是你們害我的。」但事實上，我們之所以選擇這兩個人作為此生的父母，是因為他們是我們學習克服某些事物的完美人選。

我們在很小的時候就形塑了自己的信念體系，此後的人生不過是在創造符合這些信念的生命經驗罷了。回顧自己的人生，你不難發現自己往往都在重複同樣的經驗。我相信，不論某個問題困擾你多久、有多嚴重，或是對你的人生產生多大的威脅，都無關緊要，你之所以會反覆創造那些經驗，是因為它們反映出你對自己的看法。

生命最有力量的一刻，就是當下

你迄今所有的人生經歷，都是你過去所抱持的想法與信念造成的；它們全是你昨天、上星期、上個月、去年，甚至是十年、二十年、三十年、四十年或更多年前（依你現在的年歲而定）所想的事和所說的話產生的結果。

然而，逝者已矣，過去的都已經過去了，目前最重要的，是你此刻選擇想些什麼、相信些什麼、說些什麼，因為這些想法和言語會創造你的未來。最有力量的一刻，就在當下，它正逐步塑造你明天、下星期、下個月、明年等等的體驗。

你也許會開始注意自己現在的想法：它是正面的，還是負面的？你想讓這個念頭成為你的未來嗎？請注意它，並保持覺察。

我們唯一要面對的是自己的想法，而想法是可以改變的

不論問題是什麼，我們的體驗都是內在想法呈現出來的外在結果，連自我憎恨也只是因為你討厭你對自己的某個看法而產生的。舉例來說，你心想：「我是個差勁的人。」這個想法讓你產生一種感覺，而你相信了那種感覺。不過，假如你對自己沒有那樣的想法，就不會產生那種感覺，而想法是可以改變的。只要想法一改變，感覺也會隨之消失。

上面那段話只是要讓大家了解我們的許多信念從何而來，但請不要以此為藉口，讓自己繼續陷在痛苦的泥淖中。過去並無法掌控我們，因為不論我們抱持某個負面思維模式有多久，當下才是真正充滿力量的一刻。能夠了解這一點真是太棒了！如此一來，我們此刻就可以解脫了！

信不信由你，我們的想法確實是自己選擇的

我們也許已經習慣重複某個特定的想法，以致它看起來似乎不是出自我們的選擇，但那個想法確實是我們自己選的。既然選擇權在我們手上，我們就可以選擇拒絕某些想法。仔細想想你有多常拒絕用正面的眼光來看自己，那麼，你也可以拒絕從負面的角度看待自己。

在我看來，我認識的人或多或少都深受自我憎恨或內疚所苦。自我憎恨或內疚得越嚴重，人生就越不順遂；相反地，自我憎恨或內疚的程度越少，人生的各個層面就會越順利。

每個人內在最深層的信念幾乎都是：「我不夠好！」

不僅如此，我們還常常會說「我做得不夠」或「我不配得到」。你是否也像這樣經常說出、暗示或感覺自己「不夠好」？但問題是，你對誰而言不夠好？你又是根據誰的標準這樣說的？

倘若內心的這種想法非常強烈，你如何能創造出充滿愛、喜悅、富足與健康的人生？你潛意識的主要信念總是會與它起衝突，讓你永遠無法實現這樣的理想人生，因為總是有某個地方會出問題。

我發現怨恨、批判、內疚和恐懼最容易製造問題

出現在我們身體上及生活中的主要問題，大多是這四樣東西引起的。由於我們往往將自己遇到的問題歸咎於他人，不願為自己的經驗負責，才會產生這些感覺。一旦我們願意

為自己生命中的所有事物負起百分之百的責任，就不會去責怪任何人。事實上，「外在」所發生的一切，只不過是反映我們內在想法的一面鏡子。我這樣說並不是在縱容別人惡劣的行為，而是要告訴你，把那些會如此對待我們的人吸引過來的，其實是**我們的**信念。

如果你發現自己常說：「每個人都如此這般對待我、批判我、不支持我、把我當成門口的擦鞋墊般利用我、虐待我。」那麼，這就是**你的思維模式**。你內在的某個想法吸引了展現這種行為的人來接近你，只要你不再那樣想，他們就會離開你去找別人，而你再也不會引來這些人了。

以下是某些思維模式呈現在生理層面的結果：長期累積的怨恨會侵蝕身體，而成為癌症；習慣性的批判往往會導致關節炎；內疚或心懷罪惡感的人總是在尋求懲罰，而懲罰會導致身體出現疼痛（每當某個人帶著一身的疼痛來找我諮商時，我就知道他一定有許多罪惡感）；恐懼及隨之而來的緊張，會導致禿頭、潰瘍，甚至腳部痠痛。

我發現，只要願意寬恕、放下怨恨，連癌症也可以消除。這聽起來似乎太簡單了，然而，我卻見過並親身體驗到它的效果！

我們可以用另一種態度面對過去

過去的一切已經發生，我們無法改變，然而，我們可以改變對它的想法。倘若許久以前有人傷害過我們，而我們現在卻還在懲罰自己，這就太愚蠢了！

對於那些怨恨深重的人，我往往會告訴他們：「請現在就開始化解你的怨恨，因為相較之下，現在做起來還比較容易。千萬別等到躺在醫生的手術刀下或垂死的病榻上時，才想著要化解，因為那時你可能還得應付自己的恐慌。」

處在恐慌的狀態時，很難專心進行療癒，而必須暫停一下，先驅散自己的恐懼。

倘若我們選擇相信自己是無助的受害者，眼前毫無希望，那麼宇宙就會支持這個信念，讓我們所做的一切變成白忙一場。因此，放掉這些無法支持並滋養我們的愚蠢、過時又負面的想法和信念，是很重要的。甚至我們對神的觀念也需要改變，我們要相信祂必定是為我們好，而不是來跟我們作對的。

願意寬恕，方能放下過去

我們必須選擇放下過去，寬恕每一個人，包括我們自己。也許我們不知道如何寬恕，或者根本不想寬恕，但事實是，在我們願意原諒一切的那一刻，療癒的過程才真正開始。因此，若想獲得療癒，我們非放下過去，並寬恕每一個人不可。

「我原諒你不符合我的期待；我願意寬恕，並讓你自由。」

這個肯定句會讓我們也同樣解脫，獲得自由。

所有的疾病皆源自不願意寬恕的心態

每當生病時，我們就必須向內探求自己到底需要寬恕誰。

《奇蹟課程》說，「所有的疾病皆源自不願意寬恕的心態」，因此，「一旦生病，就要去找出自己到底必須寬恕什麼人」。

我想補充說明的是，你最難原諒的那個人，其實就是**你最需要放下的人**。寬恕，即是捨棄、放下之意，它與原諒某個錯誤的行為無關，純粹只是讓整件事情過去。我們不必知道**如何**寬恕，重要的是**願意**寬恕；至於方法，宇宙會負責。

我們都深知自己的痛苦，卻很少人了解到，那些最需要我們寬恕的人，其實也處在痛苦之中。我們必須明白，當時他們已經以自己全部的理解、覺知和知識，盡了最大的努力了。

當人們帶著問題來找我時，不論他們的問題是什麼（健康欠佳、手頭拮据、人際關係不順遂或創造力停滯等），我只會針對一件事情下手：**愛自己**。

我發現，如果可以真正去愛、去接納、去**肯定自己的本來面目**，生命中的一切就會變得順遂，彷彿到處都出現了小小的奇蹟：我們的健康狀況改善了、錢變多了、人際關係變得更圓滿，並開始以充滿創意的方式展現自己。這一切，似乎都來得毫不費力。

愛自己、肯定自己；創造一個安全的空間；信任、重視並接納自己——這些會讓你的心智變得有條理、在你的生命中創造出更充滿愛的人際關係、吸引新工作和更好的新住所，甚至讓你的體重恢復正常。愛自己也愛護自己身體的人，絕對不會傷害自己和他人。當下的自我肯定與自我接納，是人生各個領域邁入正向轉變的關鍵。

對我來說，愛自己就從不批判自己開始，因為批判只會把人關進自己打算改變的模式中。唯有理解並溫和地對待自己，才能幫助我們走出那個牢籠。別忘了，你已經批判自己好幾年了，結果你還是老樣子。所以，試著肯定自己吧，看看會有什麼事情發生。

在我無盡的生命中，一切都是完美、圓滿而完整的。
我相信，每一天的每一刻，都有一股遠比我巨大的力量流經過我。
我敞開自己接納內在的智慧，明白宇宙中只有一體的智慧存在。
所有的答案、方法、療癒和新的創造物，都出自這個一體的智慧。
我信賴這個力量與智慧，並且明白：
我必須知道的一切，都會顯現在我面前；
我需要的一切，都會在適當的時間、地點，以適當的順序來到我身邊。
在我的生命中，一切都是美好的。

第三部
觀念篇

我需要的一切，都會來到我身邊。

第四章　問題出在哪裡？

「探索內在是安全的。」

我的身體出了問題

我的身體受傷、流血、疼痛、體液滲出、扭傷、跛腳、發熱、老化、視力模糊、失聰、日漸朽壞……還有其他你創造出來的種種狀況。我想，這些我都聽過了。

我的人際關係出了問題

他們讓我透不過氣來、我說話時他們心不在焉；他們對我很苛求、不支持我、老是批判我；他們對我沒有愛、不讓我獨處、老是找我麻煩；他們要我別打擾他們、對我得寸進尺、從不聽我說話……還有其他你創造出來的種種狀況。是的，這些我也都聽過了。

我的財務出了問題

我沒有錢、常常缺錢、手上的錢永遠不夠花用、賺不到錢、入不敷出、賺的錢不夠支付帳單、守不住錢財……還有其他你創造出來的種種狀況。當然，這些我都聽過了。

我的人生出了問題

我做的事從來不是我想做的、我無法取悅任何人、我不知道自己想做什麼、機會老是輪不到我、我的需求和渴望總是被冷落、我的所作所為只是為了討好別人、我只是門口的腳踏墊、沒人在乎我想做什麼、我沒有才華、我做什麼都是錯的、我只會拖拖拉拉、我做什麼都不順利……還有其他你創造出來的種種狀況。這些我已經聽過很多了。

每當我詢問第一次來找我諮商的人，他們的人生到底出了什麼問題時，我通常會得到以上的答案，可能是其中一個，或是其中幾個。他們真的以為自己知道問題出在哪裡，但我明白，這些抱怨只是他們內在思維模式的外在顯現罷了。而在那些內在思維模式之下，還有一個更深層、更重要的模式，它才是造成一切外在結果的根本原因。

我會問一些基本問題，然後仔細去聽他們使用的字眼：

・你的生活出了什麼狀況？
・你的健康情形如何？
・你靠什麼維生？
・你喜歡自己的工作嗎？
・你的財務狀況如何？
・你的感情生活如何？
・你上一段感情是如何結束的？
・再上一段感情又是怎麼結束的？
・請大概描述一下你的童年。

我會注意觀察他們的身體姿勢及面部表情，而且會特別專心去聽他們說的話，因為人的想法和言語會創造未來的生命經驗。就在聽這些人說話的同時，我已經了解他們為何會出現這些問題，因為一個人內在的想法會透過言語表現出來。有時候，他們使用的字眼與其描述的經驗並不一致，這時我就知道，他們並未觸及真正的狀況，不然就是他們在對我說謊。無論哪一種情形，都是開始進行療癒的起點和基礎。

練習：列出自己的「應該清單」

接著，我會給他們一張紙和一枝筆，請他們在紙上寫下：

我應該

我會要求他們列出五、六種狀況，以完成這個句子。有些人會覺得難以下筆，有些人卻有好多東西可以寫，欲罷不能。

完成之後，我會請他們將自己所寫的句子一個一個唸出來，而且每一句都從「我應該」這個詞開始。他們每唸完一句，我就會問：「為什麼？」而他們的回答都很有意思，並且透露出某些線索，例如：

- 我媽媽說的。
- 因為不那樣做會讓我很害怕。
- 因為我必須是完美的。
- 每個人都應該那樣做，不是嗎？
- 因為我太懶、太矮、太高、太胖、太瘦、太笨、太醜、太沒有價值。

這些回答讓我明白他們卡在什麼樣的信念裡，以及他們認為自己有些什麼限制。

我不會針對他們的答案發表任何意見。當他們完成這張清單時，我會跟他們談談「應該」這個詞。

我認為，「應該」是人類的語言之中最具傷害性的字眼。每當我們說「我應該」時，無異於在說：「我錯了！」不是**現在**錯，就是**過去**錯，不然就是**未來**會錯。我不認為我們的生命需要這麼多錯，我們需要的是更多選擇的自由。我很想把「應該」這個字眼從人類語言的詞彙中永遠去除，而改用「可以」來代替。「可以」這個詞給了我們選擇，而且我們永遠不會有犯錯的問題。

接下來，我會請他們重唸一遍清單上的句子，但這次要在每一句的開頭加上「如果我真的想要，我可以……」，這能讓他們以不同的眼光看待這些主題。

然後，我會溫柔地問他們：「為什麼你沒有這樣做？」此時，我們會聽見不一樣的答案：

- 因為我不想做。
- 我會害怕。
- 我不知道怎麼做。
- 因為我不夠好。

……

我們往往發現，這些人會為某件他們一開始就不想做的事，而嚴厲責備自己好幾年；或者，他們會因為沒做某件原本就不是出自他們想法的事，於是不斷批判自己。那些通常都是別人告訴他們「應該」去做的事情，而一旦了解那些事其實可以從「應該清單」中移除，他們真是如釋重負！

看看那些多年來一直強迫自己從事非己所願的工作的人，他們之所以選擇這個職業，完全只是因為父母說他們「應該」成為一名牙醫師或教師。我們多常因為人家告訴我們，

「應該」像某某親戚一樣聰明、有錢或有創造力，而深感自卑啊。

你的「應該清單」上有哪些項目是可以刪除，讓你鬆一口氣的？

檢視完這張簡單的清單之後，人們就會開始以一種全新的、不同的方式，來看待自己的人生。他們會發現，許多他們認為「應該」做的事，其實只是為了討好別人，自己根本不想做；而他們之所以要討好別人，往往是因為害怕或覺得自己不夠好。

現在，問題開始轉變了，我已經開始釋放人們因為沒有達到別人的標準而覺得自己「錯」的感覺了。

接著，我開始向他們解釋我的人生觀，內容就如第三章所述。我相信，生命真的很簡單，我們給出什麼，就會得到什麼；不論我們選擇的想法和信念為何，宇宙都會全力支持；我們小時候對自己、對生命的感受，都是從周遭大人的反應學來的，而不論小時候學到的信念是什麼，隨著我們長大成人，它們都會再次成為我們的生命體驗，但我們要面對的只是自己的思維模式，而**生命最有力量的一刻，就是當下**，改變可以從此時此刻展開。

愛自己，讓生命展現奇蹟

我繼續說明，不論他們的問題是什麼，我只從一件事情下手：**愛自己**。愛，是萬靈丹；愛自己，能讓生命展現奇蹟。

愛自己並不是指自負、自大或目中無人，那些並不是愛，只是恐懼罷了。我說的愛是一種對自己的尊重，以及一種對我們身體和心智所展現的奇蹟的感恩之情。

對我來說，「愛」就是心中滿溢著感恩。愛可以流向任何地方，我能感受到自己對下列事物的愛：

・生命本身的運作過程
・活著的喜悅
・我看見的美
・其他人
・知識
・心智的運作過程
・我們的身體及其運作方式
・飛禽、走獸和水族
・所有種類的植物
・宇宙及其運作方式

你還可以加上哪些？

接著來看看我們如何不愛自己：

- 我們不斷責備、批判自己。
- 我們用食物、酒精和藥物殘害身體。
- 我們選擇相信自己不為人所愛。
- 我們不敢為自己所提供的服務索取合理的報酬。
- 我們為自己的身體帶來疾病和痛苦。
- 我們會拖延對自己有益的事物。
- 我們生活在混亂與脫序之中。
- 我們讓自己背負債務與重擔。
- 我們吸引了那些輕視我們的情人或配偶。

你不愛自己的方式是什麼？

不論以何種方式**否認自己的好**，都是不愛自己的行為。我記得有一位戴眼鏡的女士來找過我諮商，有一天，我們釋放了她童年時的某個恐懼，隔天醒來後，她覺得戴隱形眼鏡實在很麻煩，結果她環顧四周，竟然發現自己可以看得一清二楚。

然而，她卻花了一整天的時間說著：「我不相信，我不相信！」結果，隔天她又得戴上隱形眼鏡了。人的潛意識並沒有幽默感，她無法相信自己創造了完美的視力。

不愛自己的另一種表現，是**缺乏自我價值感**。

湯姆是非常優秀的藝術家，幾位富有的客戶請他幫忙美化家裡的牆壁，但他收取的費用一直都不夠支付帳單，他的報價總是低於他所付出的時間和成本。事實上，任何提供服務或製造獨一無二產品的人，都可以收取合理的報酬，尤其有錢人會很樂於付出高價，因為這會讓他們獲得的產品或服務顯得更有價值。還有更多例子：

- 當伴侶看起來很疲憊、很不高興時，我們就懷疑是不是因為自己做錯了什麼。
- 某人邀請我們出去一、兩次之後，便沒再打電話來，我們就認為一定是自己哪裡沒做好。
- 離了婚，我們就認定自己是個失敗者。
- 不敢要求加薪。
- 認為自己的身材比不上時尚雜誌裡的模特兒，覺得自己不如人。
- 不懂「自我推銷」或「成為要角」，並且認定自己「不夠好」。
- 害怕親密關係，不願讓別人與自己太過親近，便隨意和陌生人發生性關係。
- 不敢下決定，因為覺得自己的判斷一定是錯的。

你的「缺乏自我價值感」又是以何種方式呈現呢？

你也曾經是個完美的嬰兒

當你還是個小嬰兒時，是多麼完美啊！嬰兒不必做任何事來變得完美，因為他們已經是完美的了，而且他們的一舉一動就像是知道自己很完美一樣。他們明白自己是宇宙的中心，並且毫無畏懼地提出要求；他們自在地表達自己的情緒，你會知道嬰兒什麼時候是在發脾氣（事實上，一整個街坊都知道了！），也曉得他們什麼時候很開心，因為嬰兒的笑容會照亮整個房間。他們全身都充滿了愛。

小嬰兒如果沒有得到愛，就會死掉。長大的過程中，我們學會在沒有愛的情況下生存，小嬰兒卻無法忍受如此。另外，嬰兒也愛他們身體的每一個部分，甚至是自己的排泄物。他們有令人難以置信的勇氣！

以前的你也是如此——事實上，我們每個人都是，但後來我們開始聽信周遭那些已經學會恐懼的大人所說的話，於是，我們開始否認自己的偉大。

來找我諮商的人想盡辦法要說服我他們有多糟糕、多麼不討人喜歡時，我從來都不相信，我的工作就是要將這些人帶回他們知道如何真正愛自己的那段時光。

練習：對鏡法

接著，我會請他們拿起一面小鏡子，看著鏡中自己的眼睛，唸出自己的名字，然後說：「我愛你，而且接受這樣的你。」

這項練習對許多人來說是非常困難的，我很少看見有人可以很平靜，更甭說樂在其中了。一般來說，有些人會哭出來或幾乎快掉下眼淚，有些人會發脾氣，有些人會鄙視自己的長相或特徵，有些人則堅稱自己做不到。我還碰過一位男士竟然把鏡子摔得老遠，想要逃開，後來花了好幾個月的時間，他才有辦法開始正視鏡子裡的自己。

多年以來，我只會看著鏡子批評鏡中的自己。我曾經為了接受自己的長相，而花了無數的時間拔眉毛，想到這件事就覺得好笑。我還記得，當時我總是十分害怕看著自己的眼睛。

這個簡單的練習告訴我許多事情。不到一小時，我就能找出隱藏在表面問題之下的核心議題。倘若只是針對表面問題下工夫，就得花費無數的時間解決每一個細節，而且就在我們以為一切都「搞定」時，問題突然又從別的地方冒了出來。

「問題」往往不是真正的問題

有位女士非常在意自己的外表，尤其是牙齒。她看過一個又一個牙醫，卻覺得他們只是讓她越來越難看。她還去整了鼻子，但效果不甚理想。每個尋求專業治療的決定和結果，都反映出她覺得「自己很醜」的信念。事實上，她的問題不在於外表的長相，而是她深信自己好像「哪裡不對勁」。

另外一位女士有嚴重的口臭，周遭的人都受不了。她正在努力學習成為一位牧師，表現在外的舉止也頗為虔誠而充滿靈性，但每當她覺得有人威脅到她的地位時，內心潛藏的憤怒和嫉妒就會爆發出來。她內在的想法其實已經透過自己的氣息表現出來了，因此即使她假裝是個充滿愛的人，也會令人反感。事實上，除了她自己，沒有人會威脅到她。

有一位母親帶著她十五歲的兒子來找我，男孩患有何杰金氏病，只能再活三個月。兒子生這種病，母親變得歇斯底里又很難應付是可以理解的，所幸，這男孩非常聰明，又有求生的意志，很願意按照我的吩咐去做，包括改變他思考及說話的方式。他的父母已經分居，但還是一天到晚吵個不停，因此他從來沒有過平靜的家庭生活。

他非常渴望成為演員，但他把追求名利看得比享受演戲的樂趣還重要。他認為只要成名，他就可以被接受，並成為有價值的人。我教他愛自己、接納自己，結果他的身體康復了。現在他已經長大，並固定在百老匯表演。當他學會感受「做自己」的喜悅時，也更能融入自己在戲劇中的角色。

我們往往浪費許多力氣去修正一個不是真正問題的問題，體重過胖就是另一個很好的例子。人們經常花許多年的時間與肥胖奮戰，但體重還是降不下來。他們把自己所有的問題都歸咎到過胖這件事情上，殊不知，肥胖不過是自己內在某個深層問題顯現於外的結果，而我發現，這個深層問題往往是恐懼及被保護的需求。每當感到害怕、不安全，或是覺得自己「不夠好」時，許多人就會以增加體重的方式來保護自己。

嚴厲責罵自己太胖了、每吃一口食物就產生罪惡感、體重一增加就用盡各種辦法讓自己瘦下來，這些都只是在浪費時間，二十年後，情況可能還是一樣沒變，因為我們根本沒有去解決真正的問題。我們所做的一切，不過是讓自己更害怕、更不安，於是，我們就會需要更多體重來保護自己。

因此，我拒絕將焦點放在多餘的體重或節食上，因為節食是行不通的。唯一有效的節食是「心靈節食」，亦即不再攝取負面想法。我會對來找我諮商的人說：「暫且把肥胖問題擱一邊吧，我們先來處理其他的事。」

這些人常常跟我說，他們無法愛自己，因為他們太胖了——或者如某個女孩說的，「全身圓滾滾」。我解釋道，他們之所以肥胖，是因為他們不愛自己；反之，當一個人開始愛自己、肯定自己時，多餘的體重就會神奇地從身上消失。

有時候，當我向前來尋求諮商的人說明改變生命有多簡單時，他們甚至會對我發火，因為這些人覺得我根本不了解他們的問題所在。有位女士就很不高興地對我說：「我是為了論文來找你幫忙，不是來學習如何愛自己的。」然而在我看來，她主要的問題很明顯就出在她充滿自我憎恨，而且這個問題已經滲透到她生活的各個層面，包括撰寫畢業論文這件事。只要她依然覺得自己毫無價值，做什麼事都不會成功的。

當時她聽不進我的話，最後流著眼淚離開；一年後，她的問題還是沒有解決，並且帶著更多問題回來找我。有些人確實尚未準備好改變自己，不過這當中並沒有好壞對錯，因為每個人都會在最適合自己的時間、地點，以最適合自己的順序開始轉變。我也是過了四十歲，才真正開始改變自己。

解決真正的問題

來諮商的人剛剛面對了鏡中的自己，覺得心煩意亂。此時，我會用愉快的心情微笑著說：「好，現在我們看到了『真正的問題』，接著，我們就要開始徹底清除真正擋住你的障礙了。」我會多談一些愛自己的方法——我認為，愛自己必須從「絕不因為任何事而批判自己」開始。

當我問他們是否會批判自己時，我會看著他們的臉，而他們的反應告訴我許多事：

・這個嘛，我當然會囉！
・我一天到晚這麼做。
・不像以前那麼頻繁。
・如果不批評自己，我怎麼可能改變？
・大家不都是如此嗎？

針對最後一個回應，我會說：「我們現在不談別人，只談你。你為什麼要批判自己？你哪裡有問題？」

我記下這些人的回答，並列成一張表，發現內容往往和他們的「應該清單」一致。他們覺得自己太高、太矮、太胖、太瘦、太笨、太老、太年輕、太醜（最美麗或最英俊的人經常這麼說），或者覺得自己太遲了、太快了、太懶惰等等。請注意，他們幾乎都是說自己「太」如何如何。最後，我們找到了根本原因——他們終於說：「我不夠好！」

太好了！我們找到核心問題了。這些人之所以批判自己，是因為他們已經學會相信自己「不夠好」。來尋求諮商的人常常對於我們這麼快就找到真正的問題所在感到很驚訝。現在，我們不再被那些因核心問題而引發的「副作用」——例如身體疾病、人際關係問題、金錢問題、缺乏創造力等——所干擾，而可以集中能量，去解決所有問題的根本原

因：不愛自己！

在我無盡的生命中，一切都是完美、圓滿而完整的。
我一直都被神保護著、指引著。
我可以安心地探索自己的內在；
我可以安心地探索過去；
我可以安心地擴展我對生命的視野。
真正的我，遠超過我的人格——過去、現在和未來都是。
此刻，我選擇超越我的人格問題，承認我生命的偉大、輝煌。
我完全願意學習愛自己。
在我的生命中，一切都是美好的。

第五章　信念從何而來？

「過去再也無法影響我了。」

我們已經從當初認為的種種原因裡，過濾出真正的問題所在，亦即我們覺得自己**不夠好**，而且**不愛自己**。我的看法是，只要人生出現任何問題，就一定是這個原因。所以讓我們來看看，這個信念到底從何而來。

我們怎麼會從一個明白自己和生命有多完美的小嬰兒，漸漸變成有一大堆問題、且在某種程度上覺得自己毫無價值又不為人所愛的人？若能了解其中的原因，已經可以愛自己的人必定會更愛自己。

想想看，一朵玫瑰從含苞到綻放，直到最後一片花瓣落下，一直都是美麗而完美的，且不斷在變化。我們就像玫瑰一樣，也總是美麗的、完美的，且不斷在改變。我們已經竭盡自己的理解、覺知及知識，盡力做到最好了；當我們有了更多理解、覺知及知識時，就會有不同的做法。

清理心中的限制性信念

現在，我們該好好檢視過去，看看那些一直支配著自己的信念。對某些人來說，這部分的清理過程很痛苦，但其實無須如此。在清理之前，我們得先看看裡頭有什麼東西。

如果想要徹底清理一個房間，你會把每樣東西都拿起來檢視一番。你會用充滿愛的眼神看著某些物品，為它們拂去灰塵或將它們擦亮，使之煥然一新；有些物品需要整修，你會記下來，以便日後處理；有些東西再也用不到了，此時就該讓它們從房間裡消失。我們可以心平氣和地將過期的報章雜誌和髒紙盤放進垃圾桶，而不需要為了清理房間而生氣。

清理心靈也是如此。我們沒有必要為捨棄內心的某些信念而生氣，丟掉它們應該像丟棄餐後廚餘一樣容易。難道你會翻出昨天的垃圾來當今天的晚餐嗎？難道你想用舊有的心靈垃圾來創造未來的生命經驗嗎？

因此，如果某個想法或信念對你已經沒有用處，就放掉它吧！沒有任何法律規定你一旦相信某件事，就必須永遠相信它。

現在，就讓我們來看看一些限制性信念，以及它們從何而來：

・**限制性信念：**「我不夠好。」

・**根源：**父親一再對他說他很笨

他說，他想功成名就，如此一來，父親就會以他為傲。然而，他內心充滿罪惡感，積久成怨，於是接二連三地失敗。父親不斷在事業上資助他，但都是以失敗收場。其實，他是用失敗來報復父親，想讓父親不斷付出代價。當然，最大的輸家還是他自己。

・**限制性信念：**不愛自己

・**根源：**想贏得父親的認可

她絕不想成為父親那種人，而且父女之間常常意見不和，一天到晚爭吵。其實，她只是想獲得父親的認可，但得到的卻是批判。她全身上下都很痛，父親也是，而且疼痛的類型和她一模一樣。她不知道自己和父親的身體疼痛，都是因為憤怒造成的。

・**限制性信念：**人生充滿危險

・**根源：**一個受過驚嚇的父親

有一位來尋求諮商的女士認為，人生是無情的、嚴酷的。她臉上難得出現笑容，就算笑了，也很害怕接下來會發生「不好」的事。她從小到大一直被告誡：「不要笑，否則會樂極生悲。」

・**限制性信念**：我不夠好

・**根源**：被遺棄、被忽視

他很難開口說話，沉默已經成為他的生活方式。他剛戒掉藥癮與酒癮，而且深信自己是個爛人。原來，他在很小的時候就失去母親，是姨媽撫養他長大的，而姨媽除了吩咐他事情之外，很少開口說話，因此，他是在沉默的環境中成長的。他甚至一個人默默地用餐，然後靜靜地待在房裡，日復一日。他的同志伴侶也是個沉默的人，他們在一起時，通常什麼話也不說。伴侶過世之後，他又是孤單一人了。

練習：檢視從小接收的負面訊息

接下來我們要做的練習是：拿一張大的白紙，一一列出父母說你不好的地方。你聽過哪些負面訊息？給自己充分的時間盡量回想，通常半小時就夠了。

他們對金錢有什麼想法？關於你的身體，他們說過什麼？他們對愛與人際關係的看法如何？關於你的創造天賦，他們有些什麼樣的看法？他們告訴過你哪些限制性或負面的事？

如果可以，請用客觀的眼光看待你所列出的項目，並對自己說：「我的信念就是這樣來的。」

現在取出另一張紙，更深入地探索一番。小時候，你還聽過哪些負面訊息？

親戚說＿＿＿＿＿＿＿＿＿＿

老師說＿＿＿＿＿＿＿＿＿＿

朋友說＿＿＿＿＿＿＿＿＿＿

權威人士說＿＿＿＿＿＿＿＿

你的教會說＿＿＿＿＿＿＿＿

將那些訊息全部寫下來。慢慢來，我們不趕時間，並請注意此時你的身體出現哪些感覺。

這兩張紙上的內容，就是你必須從意識中徹底清除的念頭。你之所以覺得自己「不夠好」，正是這些信念引起的。

把自己視為三歲小孩

假如我們把一個三歲小孩帶到房間裡，然後圍著他叫罵，說他很笨，從沒做對一件事，說他應該這樣做、不應該那樣做，說他把事情弄得一團糟，然後也許還揍他幾下，如此一來，這孩子若不是溫順地蜷縮在角落，就是把這地方給拆了。他會出現這兩種反應的其中一個，但我們將永遠不會知道這孩子真正的潛能。

倘若我們告訴同一個小孩，我們有多愛他、多關心他，我們喜歡他現在的樣子，喜歡他的聰明伶俐、他做事的方式，也允許他在學習的過程中犯錯，我們無論如何都會支持他，那麼，這孩子所表現出來的潛能，將會讓你大吃一驚！

每個人內在都有一個三歲小孩，大多時候，我們只會對著這個孩子叫罵，然後還納悶為何自己的人生事事不順心。

假設有個朋友一天到晚批評你，你會想跟他在一起嗎？也許你小時候就是被如此對待的，真是令人難過。然而，那都已經是很久以前的事了，如果你現在還是選擇以同樣的方式對待自己，那才是更大的悲哀！

現在，我們已經列出小時候聽來的負面訊息，它們是不是與你認為自己不好、認為自己有問題的地方吻合？是否大致上相同？也許是。

事實上，我們是根據早期接收到的訊息來編寫自己的人生劇本，因為我們都是乖小孩，順從地接受「他們」說的話，並奉為真理。責怪父母、一輩子都認為自己是個受害者很容易，但這樣做一點樂趣也沒有，而且責怪他人並無法使我們脫離目前的困境。

責怪家人讓你無法獲得自由

責怪這種行為最容易讓人陷在問題裡動彈不得。怪罪他人使我們失去力量，了解則讓我們超越問題、掌控未來。

過去已經無法改變，而現在的想法正在形塑我們的未來。父母已經竭盡他們的理解、覺知及知識，盡力做到最好了，唯有了解這一點，我們才能自由。只要還在指責他人，就表示我們不想為自己負責。

那些傷害過你的人也和你一樣，曾經被傷害、被驚嚇過，也同樣感到徬徨無助。而他們能教給你的，也只有自己學到的東西。

你對自己父母的童年了解多少，尤其是他們十歲以前的事？如果可以，去問問他們，因為只要知道父母的童年發生過什麼事，就更能理解他們的所作所為，而理解會讓你產生憐憫之心。

如果不了解父母的過去，也無從得知，那就試著想像是什麼樣的童年塑造了他們現在的樣子。

你必須了解這些才能獲得自由。除非你釋放他們，否則你無法解脫；寬恕他們，你才能寬恕自己。如果你要求他們必須完美，你也會要求自己非得完美不可，如此一來，你一輩子都將活在痛苦之中。

父母是我們自己選的

我同意「是我們選擇了自己的父母」這種說法，因為我們所學習的人生功課，似乎與父母的「缺點」完全吻合。

我相信，我們都走在一段穿越永恆的無盡旅程中，為了靈性的進化，我們來到這個人世間學習特定的人生功課。我們選擇了自己的性別、膚色和國籍，接著便尋找一對可以當作我們的「鏡子」的完美父母。

來到人世就像進一所學校。想成為美容師，就得進美容學校；想成為技師，就得進技術學校；想成為律師，就得進法學院。而此生你所選擇的父母，正是你這輩子人生功課中的「專家」。

結果長大之後，我們卻伸手指控父母：「都是你們害我的！」但我相信，當初是我們選擇了他們。

他人的意見對我們的影響

小時候，哥哥姊姊在我們心目中就像神一樣。他們不高興時，可能會把氣出在我們身上，說些這類的話：

「你太笨了，不可以跟我們一起玩。」

「你還是個小孩子，不能……」

「我要去告狀，因為你……」（灌輸罪惡感）

對我們產生重大影響的，還有學校的老師。小學五年級時，某位老師斷然地告訴我，我太高了，不適合當舞者。當時我相信了她的話，放棄舞蹈；等我了解事實並非如此時，年紀已經太大，無法當職業舞者了。

你是否了解，考試成績只是用來評量我們在某一段時間內學習到多少知識？或者，你是一個以考試成績來衡量自我價值的小孩？

童年的朋友也會帶給我們跟人生有關的錯誤訊息。學校裡的其他孩子則可能會取笑我們，留下難以抹滅的傷害。小時候我姓「朗尼」（Lunney），其他的孩子都叫我「神經病」（lunatic）。

會影響我們的，還有鄰居，因為他們不僅說三道四，還會問我們：「鄰居們會怎麼想？」

回想一下其他對你的童年造成影響的權威人士。

當然，還有雜誌和電視上那些強烈又深具說服力的廣告詞。有太多產品都是透過讓我們覺得「如果不用它，我就毫無價值、就有毛病」的方式推銷的。

我們在這裡就是要超越童年時期加諸在自己身上的所有限制。不論「他們」說過些什麼，我們都要認出自己的偉大與神性。你和我，都有自己的負面信念要克服。

❤

在我無盡的生命中，一切都是完美、圓滿而完整的。
過去再也無法影響我，因為我願意學習和改變。
我了解，過去是把我帶到今天這個境地的必經過程。
我願意從現在開始清理我的心靈之屋。
我知道無論從何處著手都沒關係，
因此，我現在要從最小、最簡單的房間開始清理，
如此一來，我就能很快看到成果。

踏上這段冒險之旅令我興奮不已，
因為我知道這個特定的經驗只有一次。
我願意讓自己自在解脫。
在我的生命中，一切都是美好的。

第六章 不論你相信什麼，都會成真

「我內在無法改變的部分，就是真相。」

「這是真的嗎？」這個問題的答案有兩種，「是」或「不是」。如果你**相信**它是真的，它就是真的；如果你**相信**它不是真的，它就不是真的。玻璃杯裝著一半的水，你可以說它半空，也可以說它半滿，完全依你觀看的角度而定。事實上，我們可以選擇的想法有無數種。

大多數人都會選擇與自己的父母相同的想法，然而我們沒有必要繼續這樣做，法律也未明文規定我們只能有一種思考方式。

不論我相信什麼，都會成為事實，你也是。然而我們的想法可能大相逕庭，於是，你和我就會擁有截然不同的人生及體驗。

檢視自己的想法

不論我們相信什麼，都會成真。遇上財務危機，一定是你在某個層面上相信自己不值得擁有財富，或是相信自己會有債務與重擔；如果你相信「好事不長久」，那你也許就是相信「命運老跟我作對」，或是我常聽到的「我就是沒辦法贏」。

假如你好像無法擁有愛情，很可能是因為你相信「沒有人愛我」或「我不為人所愛」。也許你害怕自己會像母親一樣，婚後被丈夫控制，或者是你抱持著「人們會傷害我」的想法。

如果你的健康狀況欠佳，也許是因為你相信「我們家的人身體都不好」，或者相信都是天氣害你生病的。也或許你是認為「我天生就是來受苦的」，或者「倒楣事總是一件接著一件」。

也許你有其他不同的信念，或者，你根本沒察覺到自己的信念。事實上，大多數人都是如此，他們只看到外在發生的一切。除非有人讓你看出外在經驗與內在想法的關連，否則你一直都會是人生的受害者。

不論問題是什麼，都是來自某個思維模式，然而，**思維模式是可以改變的！**

儘管我們在生活中必須努力解決的那些問題，看起來、感覺起來好像是真的，但不論問題多難應付，都只是內在思維模式顯現在外的結果罷了。

如果你還不明白是什麼樣的想法造成你現在的問題，那麼你就來對地方了，因為這本書正是為了幫助你找到答案而寫的。檢視一下生活中的種種問題，然後問自己：「是什麼樣的想法，造成了現在這個問題？」

只要坐下來安靜地這麼問自己，你的內在智慧就會告訴你答案。

那不過是你小時候學來的信念

我們的某些想法現在仍是有建設性且有益的，它們一輩子都會對我們的生活有幫助，例如：「過馬路之前，要注意兩邊的來車。」

另外有些想法一開始很有用，但隨著我們年紀增長，它們就不再適用了。例如「不要相信陌生人」這句話，也許對小孩子而言是很好的忠告，但對成年人來說，如果繼續抱持這個信念，只會造成疏離及孤獨。

為什麼我們很少坐下來問自己：「這是真的嗎？」例如，為何我會相信「學習對我而言是困難的」這種事？

最好問問自己：「現在我還是這樣嗎？」「這個信念源自何處？」「是不是因為小學一年級的老師曾經一再這樣說，所以我現在依然深信不疑？」「捨棄這個信念，我會不會過得更好？」

「男孩子不可以哭」「女生不可以爬樹」，這些觀念讓男人掩藏自己的情感，讓女人不敢展現自己的體能。

倘若我們從小就被教導說，這世界是個可怕的地方，那麼我們聽見的任何事只要符合這個信念，我們就會認為它是真的。其他又如「別相信陌生人」「晚上不要出門」或「別人會欺騙你」這些想法也一樣。

另一方面，如果我們從小就被教導說，這個世界很安全，那麼我們也會很輕易地接受其他的信念，例如「處處都有愛」「別人都很友善」，以及「我總是擁有我需要的一切」。

假如你從小接受的教導就是認為「都是我的錯」，那麼不管發生任何事，你都會覺得內疚，你的信念會讓你變成一個老是在說「對不起」的人。

如果你從小就學會相信「我一點都不重要」，那麼不論你在何處，這個信念都會讓你永遠排在最後一個，如同我小時候在學校的派對上分不到蛋糕的經驗一樣（請見第一章）。有時別人沒注意到你，你就會覺得自己像個隱形人，可有可無。

你童年的成長環境是否都在教你相信「沒有人愛我」？如果是，那麼你現在一定很孤單；就算有朋友或情人，也都無法維持長久的關係。

你的家人是否教導你「匱乏」的信念？如果是，那麼你一定經常覺得阮囊羞澀，收入僅夠勉強糊口或負債累累。

有個人來找過我諮商，他們一家人相信這個世界沒什麼好事，任何事情都只會越變越糟，他就是在這樣的信念中被扶養長大的。他生活最大的樂趣就是打網球，後來他的膝蓋受了傷，但看遍他找得到的所有醫生，情況只是越來越差。最後，他根本沒辦法再打網球了。

另一位男士則是傳教士的兒子，他從小就被教導說，任何事都要以別人為優先，因此他們一家人總是排在最後。現在，他能幫客戶談成最好的交易，但他自己卻入不敷出，口袋裡經常沒什麼錢，因為他的信念依然讓他將自己排在最後一位。

只要相信，看起來就是真的

我們有多常說「我就是這樣」或「事情就是這樣」？那些字眼其實是在說，那就是我們**相信**的事實。我們所相信的一切通常是他人的意見，只不過被我們納入自己的信念系統中罷了。因此毫無疑問地，它可以和我們相信的其他事物吻合。

你是否和許多人一樣，一早起來看見外面正在下雨，就會說「真是討厭的一天」？它不是討厭的一天，只是個雨天罷了。其實只要換上適當的穿著，改變一下態度，我們也可以享受雨天的許多樂趣。倘若真的相信雨天很討厭，我們就會一直用沉重的心情面對它；我們會抗拒這一天，而不是隨順當下發生的每一件事。

想要擁有快樂的人生，就必須有快樂的想法；想要擁有富足的人生，就必須有富足的想法；想要擁有充滿愛的人生，就必須有充滿愛的想法。總而言之，**不論我們傳送出去的是什麼樣的思想或言語，都會以同樣的形式回到我們的身邊**。

每個當下都是新的起點

我一再強調，生命最有力量的一刻，就是當下。你絕不會被困住，因為**改變發生之處，就在我們此時此刻的心中**！不論某個負面思維模式、疾病、不順遂的人際關係、金錢匱乏的狀況或自我憎恨纏住我們多久，我們今天就可以開始改變！

你的問題已經沒有成為事實的必要了，現在它可以回歸空無，也就是回到它來的地方。你做得到的。

請記住，**可以控制你內心想法的，唯有你自己而已**！在你的世界中，你就是力量、就是主宰者！

過去的想法與信念，造就到現在為止的你；而你此刻所選擇的信念、想法和言語，也會成為你的下一刻、明天、下個月及來年。

沒錯，親愛的！我可以根據多年的經驗提供你最好的建議，然而，你也可以繼續選擇舊有的想法，可以拒絕改變，讓所有的問題持續下去。

你就是你世界中的力量！你選擇相信什麼，就會得到什麼！此刻，我們開啟了新的過程。每個當下都是新的起點，此時此地就是你重新開始的時刻。了解這一點真棒！生命最有力量的一刻，就在當下，改變就是從現在開始的！

你可以選擇自己想要的任何念頭

暫停一下，去覺察自己的想法。此刻你在想什麼？倘若思想真的塑造了你的人生，那麼你願意讓現在的想法成真嗎？如果那是一個憂慮、憤怒、傷害、報復或恐懼的念頭，那麼你覺得它會以什麼樣的方式回到你的身上？

覺察自己的想法並非易事，因為它們稍縱即逝。然而，我們可以從現在開始留意並仔細聆聽自己所說的話，只要一發覺自己說出任何類型的負面話語，就立刻停止。你可以換個措詞再說一次，或者乾脆不說也行；你甚至可以對它說：「滾出去！」

想像你正在一家自助餐廳排隊，那裡擺出來的不是菜餚，而是各式各樣的想法。你可以選擇自己想要的任何念頭，而它們會創造你未來的生命經驗。

因此，如果你選擇的是會產生問題與痛苦的念頭，那是很愚蠢的。這就好像選擇那些會讓你生病的食物，你也許會試個一、兩次，然而一旦發現那些食物讓身體不舒服，你就會遠離它們。想法也是一樣的。所以，讓我們遠離那些會產生問題與痛苦的念頭吧！

我早年的老師雷蒙・查爾斯・巴克博士常常說：「問題的出現，不是要你去做什麼，而是要讓你知道什麼。」

我們的心智創造自己的未來。因此，一旦眼前發生我們不想要的事，就必須利用自己的心來改變狀況，而我們當下就可以開始改變它。

我多麼希望學校裡教的第一堂課就是「人的思想如何產生作用」。我一直不了解，讓孩子記住戰爭的日期有什麼重要，那不過是在浪費心智能量。取而代之，我們可以教導孩子真正重要的主題，例如心智的運作方式、金錢管理、如何投資以保障財務安全、如何為人父母、如何建立良好的人際關係，以及如何創造並保持自尊與自我價值。

想像一下，倘若這一代的成年人在念書的時候除了正規課程之外，也學習了上述那些主題，他們現在會變成什麼樣子？想想看會出現什麼狀況：我們會有一群快樂的人，他們覺得自己很棒；我們會有一群手頭寬裕的人，他們聰明理財，讓自己的經濟狀況變得富裕；他們與每個人都建立良好的人際關係，也能得心應手地養兒育女，並繼續孕育出覺得自己很棒的下一代；然而在這種種特質之中，每個人又同時是獨立的個體，展現自己特有的創造力。

已經沒有時間可以浪費了，讓我們繼續對自己的心下工夫吧！

在我無盡的生命中，一切都是完美、圓滿而完整的。
我不再選擇相信舊有的限制和匱乏。
現在，我決定開始用宇宙的眼光來看自己——
我是完美、圓滿而完整的。
我生命的真相是：我生來就是完美、圓滿而完整的，
永遠都會是如此。
現在，我選擇帶著這份理解度過自己的人生。
我在對的地點、對的時間，做著對的事。
在我的生命中，一切都是美好的。

第七章　凝聚改變的意願

「我看出自己的模式，並選擇改變。」

決定改變

此時，對於生活中的一團混亂，許多人都是帶著恐懼的心情舉手投降，決定放棄。有些人則是對自己或生命感到憤怒，然後同樣也放棄了。

我所謂的「放棄」，指的是決定：「事情是沒有希望也不可能改變的，何必要試？」接著是：「就保持原來的樣子吧，至少你知道如何面對那份痛苦。就算不喜歡，但也已經習慣了，只要別越來越糟就好。」

對我來說，習慣性憤怒就像戴著一頂蠢得要命的高帽子坐在角落。這聽起來是不是很熟悉？事情一來，你就生氣；另外一件事情發生，你又發了火；再發生另外一件事，你的火氣又上來了。就這樣一次又一次，你從未停止憤怒。

這有什麼好處？把時間浪費在憤怒上，是一種很愚蠢的反應，同時這也表示你拒絕以不同的新觀點看待生命。

「我是如何創造出這麼多讓自己生氣的情境？」也許這樣反問自己，對你更有幫助。是哪些信念導致這些挫折出現？你到底發出什麼樣的意念，以致引來別人激怒你？為什麼你認為要按照自己的意思做，非得生氣不可？

你給出去的無論是什麼，都會回到你身上。你生越多的氣，只會創造出更多令你憤怒的情境，就像戴著一頂蠢得要命的高帽子坐在角落，根本沒有解決問題。

這段話是否讓你覺得很生氣？太好了！它一定說中你的痛處了，你可以就從這裡開始改變。

決定「願意改變」！

唯有面對是否**願意改變**的問題時，你才會知道原來自己有多頑固。我們都想改變人生，都想讓情況變好、變順利，但我們都不希望必須改變的是自己，而比較喜歡是「他們」或「它們」改變。事實上，要改變外在的一切，我們的內在必須有所變化。我們必須改變自己的思考方式、說話方式，以及表現自我的方式，唯有如此，外在的改變才會發生。

這是接下來要做的。我們已經釐清問題所在，以及它們源自何處，現在該是我們**願意改變**的時候了！

我內在總是有幾分頑固的個性，即使到現在，有時當我決定在生活中做些改變時，我的頑固個性還是會出現，強烈拒絕改變自己的想法。因此，我會暫時變得自以為是、憤怒和孤僻。

是的，經過這些年的努力，我的內在還是會出現這種情形，這是我此生的功課之一。然而，每當發生這種狀況時，我就知道自己正處於一個重要的轉捩點。每次我決定在自己的生活中做些改變、釋放某些東西時，我就會往自己的內在更深入一層。

每一層舊思維都必須讓開，新的思想才能進駐。有些做起來很容易，有些則彷彿試圖用羽毛舉起大石頭般困難。

然而我心知肚明，當我說我想要改變時，越是我頑強地抓住不放的舊信念，我越需要放開。唯有透過學會這些事情，我才有資格教導別人。

我認為，許多真正優秀的心靈導師都不是來自事事如意的快樂家庭，而是出身於非常艱苦的環境。他們下了很大的工夫，打破自己內在的層層信念，才終於走到今天的地步，可以幫助他人獲得自由。他們大多數會繼續努力精進，釋放更多舊有的信念，除去更深層的限制。這成了他們終身的工作。

關於放下舊信念，我現在的做法與過去最大的不同是，現在我已經不必為了釋放舊有的信念，而對自己生氣了；我不再因為發現自己內在還有需要改變的地方，就認定自己是個差勁的人。

清理心靈之屋

現在要進行的心靈工作，就像清掃房子一樣。我進入心靈之屋，檢視裡頭的想法與信念。有些是我喜愛的，我會一一擦亮，讓它們更能發揮作用；有些需要更換或修理，我會盡量找時間完成；有些則像過期的報章雜誌或不能穿的舊衣服，我會將它們送給別人或扔進垃圾桶，讓它們在我面前永遠消失。

我不必因為這樣做而生氣，或是覺得自己很差勁。

練習：我願意改變

讓我們好好利用「我願意改變」這個肯定句。請經常反覆地說：「我願意改變，我願意改變。」說這句話的時候，可以用手觸摸喉嚨。喉嚨是身體上的能量中心之一，改變就在此發生。藉由碰觸喉嚨，你就是在感謝自己正處於轉變的過程中。

人生出現變化時，要允許它發生。請注意，你最不想改變的地方，就是你最需要改變之處。請對它說：「我願意改變。」

宇宙智慧不斷在回應你的想法和言語。因此，當你說「我願意改變」時，事情就真的會開始轉變。

改變的方法有許多種

我所提出的方法並非唯一的改變之道，事實上，還有許多方法也相當有效。我在第十章的最後一節列出一些方法，你可以按照自己的成長過程所需參考運用。

你現在就可以考慮其中幾個。那些方法分為身、心、靈三類，完整的療癒必須包括這三方面，而你可以從其中任何一類開始，只要最後這三方面都包含在內即可。有些人從心智著手，會去參加工作坊或接受心理治療；有些人則以靈性修持為起點，開始靜心或祈禱。

清理心靈之屋時，從哪個房間著手都無妨。就從你最想整理的地方開始吧，其他的部分往往會自己出現。

舉例來說，喜歡吃垃圾食物的人如果從靈性層面著手，往往會發現自己開始注意營養。這些人會從朋友、書本或課程中了解到，他們吃進身體裡的食物，會對自己的情緒及外表產生很大的影響。只要有成長及改變的意願，一個層面的改變經常會導致另一層面的變化。

我很少給人營養方面的建議，因為我發現每一種方法都只能適用於某些人。在整體醫療領域，我認識許多優秀的專業工作者，因此每當來尋求諮商的人需要營養方面的知識時，我就會介紹他們去找那些專家。在這方面，你必須找出最適合自己的方法，或是請專家來協助你。

許多跟營養有關的書籍，都是由曾經身患重病，然後找出有效療法的人所寫的。他們將自己的經驗筆之於書，告訴他人自己的療癒之道。然而，並不是每個人都可以一概而論。

例如，長壽飲食法（macrobiotic diet）及自然生食法（natural raw food diet）就有很大的不同。奉行自然生食法的人不吃煮過的東西，很少吃麵包或穀類，而且非常注意不在同一餐吃水果和蔬菜，也從來不使用鹽；遵循長壽飲食法的人吃的則幾乎都是熟食，和自然生食法有不同的食物組合系統，並且使用大量的鹽。這兩種方法都有效，也都可以療癒身體，但它們都無法適用於每個人。

我個人的營養攝取原則很簡單：如果它能促進生長，我就吃；如果不能，我就不吃。請注意自己的飲食，如同注意自己的想法一樣。我們也可以學著留意，在採用不同的飲食法時，身體會發出什麼樣的訊號。

我們大半輩子都沉溺在負面思考裡，直到現在才開始清理自己的心靈之屋，這有點像吃了大半輩子的垃圾食物，現在才要採行適合的營養計畫一樣。這兩者往往都會造成療癒危機，因為當你開始改變自己的飲食，身體也會開始排出累積的毒素，此時你會有一、兩天的時間覺得非常不舒服。同樣地，當你決定改變自己的思維模式時，你的境況可能會有一段時間似乎開始變差。

回想一下感恩節晚餐結束那一刻。火雞吃完了，該是清洗烤鍋的時候了。鍋子都燒焦了，形成一層焦黑的硬殼，所以你把它放進熱肥皂水裡，讓它浸泡一會兒，然後再開始刷洗。現在真的變得一團糟了，鍋子看起來比之前更可怕，但只要持續用力刷掉那些焦黑的地方，你很快就會有一個跟新的一樣的鍋子了。

清理一個乾掉、變成硬殼的心理模式也是同樣的道理。當我們將它浸泡在新的思想中時，所有令人不愉快的事物都會浮現。然而，只要持續實行新的肯定句，很快地，你就會完全清除某個舊有的限制。

練習：凝聚改變的意願

既然已經願意改變，接下來就要運用一切可行的方法。在此，我要分享一個我自己使用、也教別人用的方法。

首先，看著鏡子對自己說：「我願意改變。」注意你的感受，倘若出現猶豫、抗拒或不想改變的感覺，就問自己原因何在。到底有哪個舊信念是你還抓住不放的？請不要責備自己，只要注意那個信念為何即可。我敢說，一直以來，那個信念一定為你帶來不少問題。我很想知道它是從哪裡來的。你知道嗎？

無論知不知道那個信念源自何處，我們現在就採取一些方法來化解它吧！請再次走到鏡子前，看進自己的眼睛深處，用手碰觸喉嚨，然後大聲地說十遍：「我願意放下所有的抗拒。」

鏡子練習非常有力量。小時候，我們所接收的負面訊息大部分是從別人而來，而別人說的時候都是直視我們的眼睛，也許還對著我們搖手指。到今天，每當我們看著鏡中的自己時，大部分人還是會對自己說出負面話語，不是批評自己的長相，就是為了某事嚴厲責罵自己。我認為，直視自己的眼睛，然後說出一段關於自己的正向宣言，是運用肯定句最快產生效果的方法。

❤

在我無盡的生命中，一切都是完美、圓滿而完整的。
現在我平靜且客觀地選擇檢視自己舊有的模式，並願意改變。
我虛心受教，我可以學習，我願意改變。
我選擇以輕鬆的態度來做這件事。
發現必須釋放的東西時，我會把它當成發現寶藏一般。
我看見並感受到自己分分秒秒都在改變。
思想再也影響不了我。
我就是這個世界的力量，我選擇自由。
在我的生命中，一切都是美好的。

第八章 找出自己對改變的抗拒

「我處在不斷變化的生命之流與韻律中。」

覺察是療癒或改變的第一步

我們必須先覺察埋藏於自己內在深處的某個模式，才有辦法進行療癒。也許我們會開始提到這個狀況、抱怨它，或是在別人身上看見同樣的狀況。它會以某種方式浮現，讓我們注意到，並開始與它產生連繫。我們往往會將某個老師、朋友，某項課程、工作坊，或是某本書吸引到自己面前，因而開始覺醒，並認識到化解問題的新方法。

我的覺醒始於某位朋友偶然提到一個聚會，當時我內在有某樣東西被觸動了，結果那位朋友沒去參加，我倒是去了。那個小小的聚會是我走上敞開自我之路的第一步，直到後來，我才明白它對我的重大意義。

我們對這第一階段的反應，通常是認為方法很蠢或不合常理。對我們的思考模式而言，它也許太簡單，或是太難以接受了，所以我們不想照著做，並產生強烈的抗拒，甚至光想到要那樣做，我們就會生自己的氣。

若能了解這是療癒過程的第一步，有這種反應其實是件好事。

我會告訴人們，他們感受到的任何反應，都是在告訴他們療癒的過程已經開始了，即使整個治療尚未完成。事實上，在我們開始考慮有所改變的那一刻，療癒的過程就已經展開了。

另一種形式的抗拒是不耐煩，它其實就是拒絕學習或改變。當我們要求問題必須馬上解決時，就沒有給自己時間去學習我們創造出來的問題所帶來的功課。

想要前往另一個房間，你必須站起來，一步一步往那個方向走過去，光是坐在椅子上不動，是不可能到那個房間的。同樣地，我們都想解決問題，卻不想去做那些有助於解決問題的小事情。

現在我們得承認，自己應該為眼前的情境或狀況負起責任，但這並不是說你必須為目前的處境而內疚，或是覺得自己很「差勁」。我的意思是，你必須承認是自己「內在的力量」將你所有的想法化為現實的經歷。過去，我們在不知不覺的情況下利用這股力量創造出自己不想要的各種事物，並未意識到自己在做什麼；而現在，藉由承認自己必須負起責任，我們變得有覺知了，並開始學習有意識地善用這股力量，以創造對自己有益的事物。

當我提供來諮商的人建議時（例如要求對方採取新做法或寬恕某人），我常常發現他們的下巴會開始緊縮、往外突出，然後兩隻手在胸前緊緊交叉，甚至還會緊握雙拳。這正是抗拒的表現，而我知道，我們已經找出真正需要改變的地方了。

每個人都有功課需要學習。那些困難的事，正是我們自己選擇的人生功課；倘若事情很簡單，就稱不上是功課，而是我們早已滾瓜爛熟的事情。

可透過覺察學習的功課

如果你想到一件對你來說最困難、且十分抗拒的事，那麼你已經找到當下最棒的功課了。臣服、放下抗拒，並允許自己去學習真正需要學會的功課，將使我們的下一步更輕鬆。別讓抗拒阻礙你改變，我們可以在兩個層次下工夫：一、檢視自己的抗拒；二、繼續進行心智層面的改變。換言之，觀察自己，注意自己如何抗拒，然後不管怎樣都繼續改變。

非言語的線索

我們的抗拒往往會表現在行為上，例如：

- 轉移話題
- 離開現場
- 上廁所
- 遲到
- 生病
- 藉故拖延，例如做別的事、忙著工作或浪費時間
- 轉移目光，或是望向窗外
- 翻閱雜誌
- 不想專心聽
- 吃東西、喝飲料或抽菸
- 開始發展一段關係，或是結束一段關係
- 弄壞東西，例如車子、設備、水管等等

假設

我們常常想當然耳地假設別人一定如何如何，來合理化自己的抗拒。例如，我們會說：

- 無論怎麼做都沒用。
- 我老公／老婆不會了解的。
- 如此一來，我的整個性格都必須改變了。
- 只有神經病才會去做心理治療。
- 他們對我的問題沒有幫助。
- 他們無法處理我的憤怒。
- 我的情形不一樣。
- 我不想打擾人家。
- 船到橋頭自然直。
- 沒有人這樣做。

信念

成長過程中所抱持的某些信念，會成為我們改變的阻力。這些限制性想法包括：

- 那樣做不得體。

・就是覺得不恰當。
・我不該那麼做。
・那樣做沒有靈性。
・靈修的人不會發脾氣。
・男人／女人不會那樣做。
・我們家從不做那種事。
・我是得不到愛的。
・開車過去的路途太遙遠了。
・那太費事了。
・那太貴了。
・那會花太多時間。
・我不相信這回事。
・我不是那種人。

他們

我們把力量交給他人，以此作為抗拒改變的藉口。例如，我們會這樣想：

- 神不贊同。
- 我在等待命盤顯示的適當時機。
- 這個環境不適合。
- 他們不讓我改變。
- 我沒找到好的老師／書籍／課程／工具。
- 我的醫生不讓我那樣做。
- 我沒辦法請假。
- 我不想被他們影響。
- 都是他們的錯。
- 他們必須先改變。
- 只要得到……我就會去做。
- 你／他們不了解。
- 我不想傷害他們。
- 那違背了我的教養、信仰、人生觀。

自我概念

我們利用對自己的某些看法，來局限自己或抗拒改變。例如，我們覺得自己：

- 太老
- 太年輕
- 太胖
- 太瘦
- 太矮
- 太高
- 太懶惰
- 太強壯
- 太軟弱
- 太笨
- 太聰明
- 太窮
- 太沒價值

- 太輕浮
- 太嚴肅
- 太死腦筋
- 也許無論什麼都「太過」了

拖延的手段

拖延往往是抗拒的表現。例如，我們會用以下的藉口：

- 我待會兒再做。
- 我現在沒辦法想這件事。
- 我現在沒時間。
- 它會占去我太多工作的時間。
- 嗯，這主意不錯，我改天會做。
- 我有太多其他事要忙。
- 明天我再來好好考慮一下。
- 等我做完……再說。

- 等我這趟旅行回來再說。
- 時機不對。
- 太遲了／太早了。

否認

否認有改變的必要則是另一種抗拒的形式。例如：

- 我沒有問題。
- 我對這個問題一點辦法也沒有。
- 我上次還很好啊！
- 改變有什麼好處？
- 也許不管它，問題就會消失了。

恐懼

最大一類的抗拒，顯然是恐懼——對未知的恐懼。聽聽看以下這些話：

- 我還沒準備好。
- 我可能會失敗。
- 他們可能會拒絕我。
- 鄰居們會怎麼想？
- 我不敢告訴我老公／老婆。
- 我可能會受傷。
- 我可能得改變。
- 這可能得花錢。
- 我還不如先去死／我還不如先離婚。
- 我不想讓人知道我有問題。
- 我害怕表露自己的感覺。
- 我不想談這件事。
- 我沒有那種力氣。
- 誰知道結果會怎樣？
- 我可能會失去自由。
- 這太難了，我做不到。

・我現在沒有足夠的錢。
・我也許會弄傷自己的背。
・我不可能做到完美。
・我也許會失去朋友。
・我不相信任何人。
・這可能會破壞我的形象。
・我不夠好。

這份清單可以無止境地列下去。你有沒有看出這其中有一些是你抗拒的方式？我們來舉幾個例子，看看其中的抗拒形式：

有位女士因為身體有許多疼痛來找我。她分別在三次的車禍中摔傷了背部、頸部和膝蓋，來找我的途中還遲到、迷路，後來又卡在塞車的車陣裡。

她在告訴我她所有的問題時，一切都很順利；但是當我開口要求「讓我講講話」時，各式各樣的騷動就開始了：她的隱形眼鏡讓她不舒服；她想換坐另一張椅子；她想上廁所；她必須取下隱形眼鏡。總之，在接下來的諮商過程裡，她的注意力一直無法集中。

這些都是抗拒的表現，其實她根本還沒準備好要放下及療癒。我還發現，她姊姊的背部也摔傷過兩次，她母親也是。

另一個來尋求諮商的，是在街頭表演的出色默劇演員。他吹噓說自己能把別人騙得團團轉，尤其是那些機關團體。幾乎所有的事情他都知道如何巧妙地避開，但事實上，他什麼也沒避開。他總是身無分文，房租至少遲了一個月才繳，住處往往連個電話也沒有。他穿得很寒酸，工作時有時無，身體大痛小痛不斷，感情生活則是一片空白。

他的說法是，等到時來運轉了，他就會停止欺騙。然而以他表現出來的作為，當然絕不會有好事回報到他身上，因為你給出什麼，就會得到什麼。他得先停止欺騙才行。

他的抗拒是，他還沒準備好要放下舊有的生存方式。

別打擾你的朋友

我們往往不想努力改變自己，反倒常常在想有哪些朋友應該改變。事實上，這也是一種抗拒。

剛開始從事療癒工作時，有個來諮商的女士會把我介紹給她每個在住院的朋友，要我去解決他們的問題，以取代送花。當我手裡拿著錄音機走到他們面前時，發現對方根本不曉得我怎麼會出現在那裡，或是不了解我在做什麼。從此，我就學會一件事：除非對方主動要求，否則我不會為人進行療癒。

有時候，某些人之所以來找我，是因為朋友送給他們一套療程當作禮物。這種情形通常不會有很好的效果，這些人也很少回來接受進一步的療癒。

當我們覺得某些方法很有效時，通常就會想和人分享，但別人在那個時間點或許尚未準備好要改變。即使我們是很想改變的人，要讓自己改變都已經困難重重了，更何況是讓一個還不想改變的人改變，那簡直是天方夜譚，還可能會毀掉彼此的友誼。因此，主動來找我的人，我才會鼓勵他們做出改變，至於朋友，我是不會去打擾他們的。

看著鏡子說肯定句

鏡子可以反映出我們對自己的感覺。它會清楚地讓我們知道，如果想擁有喜悅而滿足的人生，有哪些地方必須改變。

我會要求人們，每次經過鏡子的時候，就看著鏡中自己的眼睛，然後說一些肯定自己的正面話語。練習肯定句最有力量的方式，就是看著鏡子大聲說出來；如此一來，你便可以立刻察覺自己的抗拒，而比較快穿越它。讀這本書時，手邊如果有一面鏡子會很不錯，你就可以看著它唸誦肯定句，然後檢視自己有哪些地方在抗拒，哪些地方又是比較敞開、流動的。

現在，看著鏡子對自己說：「我願意改變。」

注意自己有什麼感覺。如果你覺得猶豫、抗拒或不想改變，就問問自己原因何在。哪個舊信念是你還抓住不放的？這時候不是要你責備自己，而是要你去注意當下發生了什麼、浮現了什麼樣的信念。給你造成許多麻煩的，正是這個信念，你能認出它源自何處嗎？

做肯定句練習時，如果覺得怪怪的，或者似乎沒什麼效果，我們很容易就會說：「肯定句根本不管用。」其實，並非肯定句無效，而是在做這個練習之前，我們必須先執行另一個步驟。

重複的模式顯示出我們的需求

我們的每個習慣、每個一再出現的遭遇、每個不斷重複的模式，都顯示出**我們內在對它有需求**，而這份需求對應到我們抱持的某個信念。正是因為有需求，我們才會想要擁有某樣事物、做某件事或成為某種人。也就是說，我們內在有某個東西需要肥胖、不順遂的人際關係、失敗、香菸、憤怒、貧窮、虐待，或是我們碰到的任何問題。

不知有多少次，我們信誓旦旦地說：「我再也不會這樣做了！」結果那一天還沒結束，我們就開始吃起蛋糕、抽菸、對所愛的人惡言相向等等，事後又生氣地對自己說：「你一點意志力和自制力都沒有，真是沒用！」這樣做會讓問題惡化，到頭來，只是加深了自己原有的罪惡感。

問題與意志力或自制力無關

不論我們試圖釋放的是什麼，都只是一個症狀，一個外顯的結果。只想解除症狀，而不解決根本肇因，是徒勞無功的，因為一旦我們的意志力或自制力又開始鬆懈，那個症狀又會突然出現。

願意放下需求才有可能解決問題

我對來尋求諮商的人說：「你的內在一定對這個狀況有某種需求，否則你不會發生這種事。讓我們從更根本處著手，努力讓自己**願意放下這份需求**。只要需求一消失，你對於抽菸、飲食過量或負面模式就不再有渴望了。」

我們最先要使用的肯定句之一是：「我願意放下對抗拒／頭痛／便祕／過胖／缺錢等等的**需求**。」也就是：「我願意放下對……的需求。」如果你在這裡就抗拒了，其他的肯定句也不會有用。

我們創造出來纏繞住自己的網必須被解開。如果解過線球你就知道，用力拉扯只會讓情況越來越糟，你必須非常溫柔而有耐心地解開所有的結。同樣地，在解心結時，你也要溫柔而有耐心地對待自己，如果有必要，就尋求幫助。最重要的是，在這整個過程中，你要愛自己。關鍵在於「放下過去」的**意願**，這正是祕訣所在。

當我說「對問題有需求」時，我的意思是，我們會根據某種思維模式，而「需要」特定的外在結果或經驗來配合；換句話說，每個外在結果都是某種內在思維模式的自然呈現。因此，僅僅對付外在結果或症狀，只是白費力氣，而且往往會讓問題越來越嚴重。

「我沒有價值」的信念造成拖延的行為

倘若我內在有個信念系統或思維模式是「我沒有價值」，那麼我可能就會表現出拖延的行為。畢竟，拖延是讓我們遠離自己設定的目標的一種方式。大部分拖延的人都會花許多時間和精力責備自己這種行為，他們會說自己很懶惰，而且通常會覺得自己是個「差勁的人」。

對別人獲得的好處不要心存怨恨

有一位男士很喜歡引起別人的注意，而且上課常常遲到，只為了引起騷動。他家裡有十八個孩子，他是老么，有任何東西總是最後一個才輪到他。小時候，他看著別人「擁有」各種事物，他自己卻只能巴望著；即使現在，當別人有好運道時，他非但不會為他們高興，反而會說：「真希望我也有！」或「為什麼我就是沒那種運氣？」

事實上，他對別人獲得的好處的怨恨之情，會成為他自己成長和改變的障礙。

自我價值感開啟了許多扇門

有一位七十九歲、擔任歌唱老師的女士來找我。她有幾個學生拍了電視廣告，她也很想拍，但害怕自己年紀太大了。我完全支持她，並對她說：「你是獨一無二的，所以勇敢做自己吧！你可以為了享受其中的樂趣而去做這件事，一定有人正在尋找具備你這種特質的人。讓他們知道你的存在吧！」

於是她打電話給幾個經紀人和選角指導，告訴他們：「我是個年紀很大很大的老婦人，我想拍廣告。」沒多久，她就接了一部廣告，而且從此之後，工作就沒停過，我經常在電視和雜誌上看到她。其實，不論你幾歲，都可以從事新的職業，尤其是那些為了樂趣而做的工作。

自我批判完全無法達到目的

自我批判只會讓自己的拖延與怠惰變嚴重，我們的心力應該放在捨棄舊思維模式和創造新思維模式上。因此，請對自己說：

「我願意放下『成為沒有價值的人』的需求。我值得擁有生命中最美好的一切，而且現在我帶著愛，允許自己接受這美好的一切。

「當我花幾天的時間反覆說這段肯定句時，外在的拖延模式自動就會開始逐漸消失。

「當我在自己之內創造出自我價值模式時，就再也不需要拖延自己可以獲得的好處了。」

你有沒有發現，這段肯定句也適用於你生命中的某幾種負面模式或外在結果？有些事，如果我們有某些內在信念就會忍不住要做，別浪費時間和精力為了那種事貶低自己，

去改變那些信念吧！

不論你如何著手處理，或者要從哪一個主題切入，我們都只對付想法，而想法是可以改變的。

想要改變某個狀況，就必須說：「我願意放下我內在造成眼前這個狀況的模式。」

每當想到自己的疾病或問題時，你就可以這樣反覆對自己說。在說這句話的當下，你已經走出受害者的層次了。你不再無助，因為你確認了自己的力量。你其實是在說：「我開始了解，這一切都是我自己創造出來的。現在，我拿回自己的力量，將要放下這個舊思

維了。」

內在小孩需要的是安慰，不是責罵

有一位女士來找我，因為每當她受不了自己的負面想法時，就會吃下一整磅的奶油，以及所有她抓得到的東西，但隔天又會為自己的體重氣惱不已。原來小時候吃飯時，她總是把家人吃不完的東西全部吃光，還吃掉一整條奶油，然後家裡的人就會笑得很開心，認為她真是可愛——她能從家人那裡得到肯定的，幾乎只有這件事。

當你責罵自己，當你嚴厲責備自己，當你「狠狠修理自己」時，你覺得你是以這種方式在對待誰？

早在三歲的時候，我們就已經接受了幾乎所有正面和負面的模式，而我們此後的生命經驗，都是奠基於我們當時對自己、對人生的信念。小時候所受到的待遇，往往就是我們現在對待自己的方式，所以你在責罵的那個人，其實就是你內在的三歲小孩。

如果你是個會因為自己的擔心和害怕而生氣的人，那麼，就把自己當成只有三歲大吧。當你面對一個處在恐懼中的三歲小孩時，你會怎麼做？你會對他大發脾氣，還是伸出雙臂安撫他，直到他覺得安全、放心為止？小時候，你身邊的大人也許不知道如何安撫你，但現在你已經是個成年人了，如果還不去安撫自己內在的那個小孩，其實是很悲哀的。

過去發生的事情已經發生，現在都結束了，而此刻，你有機會以你期望獲得的待遇對待自己。一個受驚嚇的小孩需要的是安慰，不是責罵。責罵自己只會讓你更加惶恐，無處可去，而一旦內在小孩感到不安，就會造成許多麻煩。還記得小時候被貶抑的那種感覺嗎？你的內在小孩現在也有同樣的感受。

請好好對待自己，開始愛自己、**肯定自己**，這才是內在小孩所需要的。唯有如此，它才有辦法將自己的潛能發揮到極致。

❤

在我無盡的生命中，一切都是完美、圓滿而完整的。
我把自己之內的任何抗拒模式當作只是另一樣必須釋放的事物。
它們再也影響不了我，因為在我的世界中，我才是力量。
我盡可能隨著生命中的變化流動，
肯定自己，也肯定自己改變的方式。
我盡最大的努力，每天都越來越輕鬆自在。
我因處在不斷變化的生命之流與韻律中而欣喜。

我選擇讓今天成為美妙的一天。
在我的生命中，一切都是美好的。

第九章　改變的方法

「我輕鬆喜悅地跨越生命的橋梁。」

我喜歡知道實踐的方法，因為如果不明白如何應用理論並做出改變，那麼世上所有的理論都是空談。我是個講求實際的人，對於實踐的方法有強烈的求知欲。

在這裡，我們要做的是：

- 培養放下的意願
- 控制自己的心智
- 學習如何透過寬恕自己與他人獲得解脫

放下自己的需求

偶爾，當我們試圖放開某種模式時，有一段時間整個情況似乎變得更糟糕。這其實並不是壞事，因為它是情況開始轉變的徵兆。肯定句發揮作用了，所以我們必須持續下去。

來看看一個例子

努力讓自己變得富足，卻掉了錢包。

努力改善人際關係，卻和人吵架。

努力改善健康狀況，卻染上感冒。

努力展現自己的創造天分和能力，卻被炒魷魚。

有時候，問題會轉到另一個不同的方向，於是我們開始看見更多、了解更多。舉例來說，假如你想戒菸，所以你說：「我願意放下對香菸的『需求』。」然而當你持續這樣做時，卻發現自己的人際關係變得越來越令人不舒服。

別喪失信心，這是轉變過程在運作的徵兆。

此時，你可以連續問自己幾個問題，例如：「我願意放下這些令人不舒服的人際關係嗎？這些人際關係是否本來就讓人不舒服，只是因為之前香菸製造出煙幕，所以我才看不清這個狀況？我為什麼會創造出這些人際關係？」

你會發現香菸只是外在症狀，而非根本肇因。現在，你正逐漸產生可以讓你獲得自由的洞見與理解。

於是，你開始說：「我願意放下對這些令人不舒服的人際關係的『需求』。」

接著你注意到，你之所以覺得不舒服，是因為別人似乎總是在批判你。

由於已經知道所有的經驗都是我們自己創造出來的，因此你開始說：「我願意放下被批判的『需求』。」

然後你開始思考批判這件事，從而領悟到：原來你小時候就受到許多批評，因此現在被批判時，你的內在小孩只覺得好像「回到家」般自在。而你躲避這件事的方法，就是製造「煙幕」。

也許，你的下一步就是說這個肯定句：「我願意寬恕……」

隨著你持續不斷地說肯定句，你可能會發現香菸已不再吸引你，周遭的人也不再批判你了。於是你知道，你已經放下自己的需求了。

這通常需要一小段時間才能產生結果。只要溫和地堅持下去，並願意每天給自己一些安靜的時間來反省轉變的過程，你就會得到答案。你內在的智慧與創造這整個星球的智慧是一樣的，因此，請相信內在的嚮導，讓它將你必須知道的一切顯現給你。

練習：放下需求

如果你是來參加工作坊，我會要求你和某個夥伴一起做這項練習。然而，你也可以利用鏡子來做——可能的話，盡量選大一點的鏡子。

想一下你希望改變的某件事，然後走到鏡子前，看著自己的眼睛大聲說出：「我現在了解是我自己創造出這整個狀況，所以我願意放下我意識中造成這個狀況的模式。」請融入感情，重複說幾次。

如果你是和夥伴一起練習，此時我就會請你的夥伴告訴你，他是否認為你是真心誠意說出這些話。我會要求你讓你的夥伴信服。

問問自己，你是真心想放下了嗎？請說服鏡中的自己，你這次是真的準備好要走出過去的束縛了。

此時，很多人會感到害怕，因為他們不曉得如何放下，而除非知道所有的答案，否則他們不敢全心投入。事實上，這只是另一種抗拒，儘管穿越它就是了。

最棒的一件事情是，我們根本不必知道如何放下，只要「願意」放下就行，宇宙智慧或你的潛意識自然知道怎麼做。你的每個想法和每句話都會獲得回應，而生命最有力量的一刻，就是當下。此刻你腦中的念頭及說出的話，都在創造你的未來。

心智只是一項工具

真實的你遠遠不只是你的心智。你可能認為心智主宰了一切，但這只是因為你訓練自己的心智這麼想罷了。事實上，你也可以解構它，然後重新訓練這項工具。

心智是一項你可以隨心所欲使用的工具。你目前使用它的方式不過是一種習慣，而只要我們想要，習慣（任何習慣）都是可以改變的，甚至只要知道有改變的可能就可以做到。

讓腦中的喋喋不休暫時安靜一下，認真地想想這個概念：**你的心智是你可以隨心所欲選擇使用的工具**。

你「選擇」的思想會創造你的生命經驗。假如你認為「改變習慣或想法是很困難的事」，那麼你選擇的這個想法就會成真；如果你選擇相信「改變對我來說越來越容易了」，那麼它也會變成事實。

主宰自己的心智

你內在有股不可思議的力量與智慧，不斷在回應你的思想和言語。一旦學會透過有意識地選擇想法來主宰自己的心智，你就能與這股力量結合在一起。

不要以為是你的心智在主宰一切；控制你心智的，是**你**。是你在使用你的心智，因此，你可以中止那些舊有的想法。

如果舊有的想法又試著回來，跟你說：「改變好難啊！」你就要控制自己的心智，並告訴它：「現在我選擇相信改變對我來說越來越容易了。」你也許必須跟心智多對話幾次，讓它得以承認你才是主宰者，一切你說了算。

你唯一能掌控的，是你現在的想法

過去的想法已經過去了，你也只能熬過它們造成的那些生命經驗。然而，你現在的想法，此刻在你腦中的念頭，完全掌握在自己手中。

來看看一個例子

假如你有個孩子，你一向隨他高興，想多晚睡就多晚睡。後來你決定要他每天晚上八點準時就寢，那麼第一個晚上的情形會是怎樣？

孩子一定會抗拒這個新規定，又踢又叫，想盡一切辦法就是不願意乖乖上床睡覺。假如這一次你因為不忍心而讓步，孩子就贏了，然後會永遠把你吃得死死的。

反之，如果你冷靜地堅持自己的決定，毫不含糊地告訴孩子這就是新的就寢時間，那麼他的反抗會慢慢變小，兩、三個晚上之後，新習慣就養成了。

你的心智也是如此。它一開始當然會極力抵抗，因為它不想被重新訓練。然而主宰權在你手上，只要你集中心力並堅持住，不用多久，新的思考方式就建立起來了。而當你終於明白**你不是自己思想的受害者，而是你心智的主人**時，你會覺得棒透了！

練習：放下

讀到這裡，請做個深呼吸，並在吐氣時讓所有的緊繃離開你的身體。放鬆你的頭皮、額頭和臉部肌肉，閱讀的時候頭部沒有必要繃得緊緊的。放鬆你的舌頭、喉嚨和肩膀，而拿著書時，你可以放鬆臂膀和雙手。現在就這樣做。接著讓你的背部、腹部和骨盆都放輕鬆，最後放鬆腿和腳時，要讓呼吸平緩下來。

自從你開始這樣做之後，你的身體是否感受到很大的改變？注意你可以堅持多久。如果你能對身體這樣做，對心智也可以。

在這個放鬆、舒服的姿勢中對自己說：「我願意放下。我釋放，我放下。我釋放所有的緊張；我釋放所有的恐懼；我釋放所有的憤怒；我釋放所有的內疚；我釋放所有的哀傷；我放下一切舊有的限制。我放下，而且感到平靜。我與自己安然共處；我與生命的過程安然共處。我是安全無虞的。」

重複做這個練習兩、三次，並感受放下後的輕鬆自在。每當「改變好難」的念頭浮現時，就重做幾次。要經過一些練習，這個習慣才有辦法變成你的一部分。當你先讓自己處於這個平靜的狀態時，肯定句就很容易發揮作用，因為你會敞開來接受它們。沒有必要掙扎，也不必覺得緊張或給自己壓力，只要放輕鬆，抱持適當的想法即可。沒錯，事情就是這麼簡單！

身體也需要「放下」

有時候，身體也需要「放下」，因為體驗和情緒可能會被鎖在身體裡。當我們的言語表達受到壓抑時，可以把車窗都搖上，然後在車子裡大喊大叫，這樣做會讓你的情緒得到很大的抒解。另外，搥打床鋪、踢枕頭、打網球或跑步也是一種釋放「被壓抑的憤怒」的無害方式。

前一陣子，我的肩膀痛了一、兩天。我試著不理會它，但情況還是一樣。最後，我坐下來問自己：「到底怎麼回事？我現在的感覺是什麼？」

我了解到：「這感覺像是火在燒。燃燒……燃燒……意味著憤怒。你到底在憤怒什麼？」

我想不出自己到底在氣什麼，於是說道：「好吧，來看看我們能不能找出原因。」我把兩個大枕頭放在床上，然後開始用力搥打。

大概打了十二下左右，我終於明白自己憤怒的原因了。於是，我打得更用力，還喊出聲音，把那些情緒從體內發洩出來。結束後，我感覺好多了，而且隔天肩膀就不痛了。

別讓過去阻礙你

許多人來找我，告訴我他們因為過去發生的事而無法享受現在。例如，他們過去沒做某件事，或者以某種方式做了那件事，以致今天無法過著圓滿的生活；他們不再擁有過去曾經擁有的某樣事物，以致今天無法享受人生；他們過去曾受到傷害，所以現在無法接受愛；他們從前做某件事情時曾發生不愉快的事，所以相信現在會舊事重演；他們曾經做過某件令自己後悔的事，從此便認定自己很差勁；別人曾經對他們做了某件事，所以他們認為自己今天所有的不如意都是別人的錯；他們過去曾對某個狀況表達憤怒，所以會繼續認為那樣做才是對的；他們從前曾受到惡劣的待遇，因此永遠無法忘懷、無法寬恕。

- 我沒受邀參加高中舞會，所以我今天無法享受人生。
- 我第一次試演表現得很差，從此我就認為試演是一件很可怕的事。
- 我離了婚，因此我今天無法過著圓滿的生活。
- 我曾被某些話傷害過，所以我再也不相信任何人了。
- 我偷過東西，因此我必須不斷地懲罰自己。
- 我從小就很窮，所以我永遠不會有出息。

我們往往拒絕了解，執著於過去——不論那是什麼或有多糟——**只會傷害自己**。事實上，「別人」根本不在乎過去的事，甚至往往不知道有這回事。拒絕全然地活在當下，只是在傷害我們自己。

逝者已矣，過去已經無法改變，我們能夠體驗的，唯有當下。甚至當我們在悲嘆過去時，也是在此刻體驗對它的回憶，而在這個過程中，我們就錯失了對當下這一刻的真實體驗。

練習：釋放

現在，讓我們清除心中的過去，釋放情感上對過去的執著，讓記憶成為記憶。

當你回想小學三年級習慣穿的衣服時，通常不會產生情感上的執著，那只是個回憶。

而所有發生在過去的事件也可以是如此。只要願意放下，我們就能自由運用自己心智的所有力量去享受當下，並創造偉大的未來。

請將你願意放下的事物全都列出來。你這樣做的意願有多高？注意自己的反應。要放下這些事物，你必須做些什麼？你有多願意這樣做？你抗拒的程度又是如何？

寬恕讓你從過去中解脫

下一步是**寬恕**。寬恕自己與他人，能讓我們從過去中解脫。《奇蹟課程》不斷提到，寬恕幾乎是一切事物的答案。我知道，當生命停滯不前時，往往表示我們必須原諒更多；如果無法隨著當下的生命自在流動，通常表示我們還緊抓著過去某一刻不放。那可能是懊悔、悲傷、傷害、恐懼，或是內疚、責難、憤怒、怨恨，有時甚至是報復心。**這些狀態都源自不寬恕，源自拒絕放下過去、活在當下。**

愛是任何一種療癒的解答，寬恕則是通往愛的道路。寬恕能化解怨恨，而要做到這一點，有幾個方法。

練習：化解怨恨

二十世紀早期的新思想運動靈性導師艾密特・福克斯提過一個能有效化解怨恨的練習。他建議你安靜地坐著，閉上眼睛，讓身心都放輕鬆。接著想像自己坐在一片漆黑的劇院裡，眼前是個小小的舞台，然後把你最怨恨的那個人放在舞台上（那個人是你過去或現在怨恨、已故或活著的人都可以）。當你清楚地看見那個人時，觀想他身上發生了美好的事（對他而言意義非凡的事）。你看見他開心地笑了。

保持住這個畫面幾分鐘，然後讓它漸漸消失。我喜歡加上另一個步驟：當那個人離開舞台之後，把你自己放上去，接著觀想你身上發生了美好的事，於是你看見自己開心地笑了。要知道，我們任何人都可以享有宇宙的豐盛。

大多數人都可以透過這項練習化解怨恨累積而成的烏雲，然而對某些人來說卻不容易。因此做這項練習時，可以每次更換一個化解怨恨的對象。請每天練習一次，連續做一個月，然後留意自己的感覺變得多麼輕鬆愉快。

練習：觀想報復的情景

走在靈性道路上的人都了解寬恕的重要，但某些人必須先經過一個步驟，才有辦法完全寬恕——有時候，我們的內在小孩需要藉由報復發洩一下，才能原諒對方，此時，這個練習會非常有幫助。

閉上眼睛，安靜地、平靜地坐著，然後想想那些你最難以寬恕的人。你最想對他們做些什麼？他們該怎麼做才能獲得你的原諒？想像那個場景正在發生，而且連細節都要想像出來，比方說，你要他們受苦或贖罪多久？

等你覺得可以結束了，就濃縮時間，然後讓它永遠結束。通常這時候你會覺得輕鬆多了，也就比較容易考慮原諒的可能性。要注意的是，如果每天沉溺在這種報復想像中，對你沒有什麼好處。不過做一次當作結束的練習，則會讓你獲得解脫。

練習：寬恕

現在，我們已經做好寬恕的準備。如果可以，找個夥伴和你一起做這項練習；假如只有你一個人，就大聲地唸出來。

請閉上雙眼，安靜地坐著，然後說：「我必須寬恕＿＿＿＿〔某人〕，我原諒你＿＿＿＿〔某事〕。」

請重複這樣做。你會發現，有些人你必須原諒他們很多事，有些人則只有一、兩件事需要你的寬恕。如果有夥伴和你一起練習，請他對你說：「謝謝你，現在我讓你自由。」假如只有你一個人做練習，就想像你要寬恕的那個人對你說出這句話。這至少要做五到十分鐘。請在心中搜尋你依然抱持著的不平之情，然後釋放它們。

當你已經盡可能清除心中的不平時，請把注意力轉到自己身上，並大聲地對自己說：「我原諒自己——〔某事〕。」這樣做五分鐘左右。

這些練習的效果非常強大，最好至少每週做一次，以清除所有殘留在心中的垃圾。有些經驗很容易放下，有些則必須一點一點地去掉，直到有一天，它們突然完全被釋放和化解為止。

練習：觀想你和父母都是渴求愛的小孩

這是另一項很好的練習。如果可以，找個人幫你唸出以下的內容，引導你做這個觀想練習，或者你可以自己把內容錄下來，然後邊聽邊做練習。

請開始觀想你是個五、六歲的小孩。深深地看進這個孩子的眼睛裡，你看見那裡有著渴望，並了解到他只想跟你要一樣東西，那就是愛。所以，請伸出雙手擁抱這個小孩，帶著愛與溫柔將他摟在懷裡，告訴他你有多愛他、多在乎他。好好欣賞這孩子的一切，並對他說，在學習的過程中，犯錯是沒有關係的，你答應無論如何都會支持他。現在，想像這個孩子變得越來越小，小到可以放進你心中。就讓他安住在那裡，這樣每當你低頭時，就會見到這張小小的臉蛋正往上看著你，然後你可以給他很多很多的愛。

現在，觀想你的母親是個四、五歲的小女孩，她驚慌失措地到處尋找愛，卻不知道該去哪裡找。請伸出雙手擁抱這個小女孩，告訴她你有多愛她、多在乎她，讓她明白她可以信賴你無論如何都會支持她。當她平靜下來、開始感到安全時，想像她變得越來越小，小到可以放進你心中。讓她與你的內在小孩一起待在那裡，他們可以給彼此許多愛。

現在，觀想你的父親是個三、四歲的小男孩，他驚慌失措地哭著，到處尋找愛。你看見他因為不知該到哪裡找，於是淚珠從他小小的臉蛋滑落。你已經很會安撫驚恐不安的小孩子了，所以你伸出雙手，抱住這個發抖的小身軀，安慰他、輕聲地對他哼著歌，讓他感受到你有多愛他，而且你會永遠支持他。

當他收乾淚水，而你感覺他的小身軀裡充滿愛與平靜時，想像他變得越來越小，小到可以放進你的心裡面。讓這三個小孩一起安住在你心中，這樣他們就能給彼此許多愛，而你也可以愛他們每一個人。

你心中有許多許多的愛，足以療癒整個地球，但現在先讓我們用這份愛來療癒你自己。感覺有一股暖流開始在你心臟中央發熱，輕柔又溫和，然後讓這個感覺開始改變你怎麼想自己、怎麼說自己。

在我無盡的生命中，一切都是完美、圓滿而完整的。
改變是我生命的自然法則，我欣然接受變化。
我願意改變。
我選擇改變自己的想法，選擇改變自己使用的話語。
我輕鬆、喜悅地從舊的走向新的。
寬恕比我想像中容易。
寬恕讓我覺得自在、輕盈。
我帶著喜悅，學會越來越愛自己。
化解越多怨恨，我就必須展現越多的愛。
改變自己的想法讓我覺得棒透了。
我正學著選擇讓今天成為充滿樂趣的一天。
在我的生命中，一切都是美好的。

第十章

建立新的信念

「我不費吹灰之力便知道內在的答案。」

- 我不想又肥又胖。
- 我不想窮困潦倒。
- 我不想變老。
- 我不想住在這裡。
- 我不想要這段關係。
- 我不想和我母親／父親一樣。
- 我不想困在這個工作裡。
- 我不想要這種頭髮／鼻子／身體。
- 我不想孤單、寂寞。

- 我不想要不快樂。
- 我不想生病。

你注意什麼，就會助長什麼

前面那些話讓人看見，我們的文化是如何教導我們在心理上與負面事物對抗。大家以為只要這樣做，正面事物就會自動發生在我們身上，然而事實並非如此。

你是否經常為了自己不想要的事物而悲嘆？這樣做可曾為你帶來你真正想要的東西？倘若真想讓自己的生命有所改變，那麼你要知道，對抗負面事物只是在浪費時間，因為**你越是想著你不想要的東西，越是會創造出它們來**，那些跟你自己或你的人生有關、你一直不喜歡的事物，可能依然緊跟著你。

你注意什麼，就會助長什麼，並且會讓它在你生命中落地生根。將你的注意力從負面事物上移開，放在你**真正想要**成為或擁有的事物上。現在，讓我們把前面那些話從負面的肯定句改為正面的肯定句：

- 我很苗條。
- 我很富足。

- 我永遠年輕。
- 我現在搬到了更好的地方。
- 我擁有一段美好的新關係。
- 我就是我自己。
- 我喜歡我的頭髮／鼻子／身體。
- 我充滿了愛與深情。
- 我快樂、喜悅、自由。
- 我健康無恙。

要用現在式說正面肯定句

要學會用正面肯定句思考。你說的任何話都是一種肯定句，但我們太習慣用負面肯定句思考，而負面的肯定句只會製造出更多你不想要的事物。說「我討厭我的工作」完全無濟於事，宣稱「我現在接受了一份很棒的新工作」則將打開你意識中的通道，創造出這樣的情境。

因此，要不斷用正向的言詞描述自己心目中的理想人生。但有一點非常重要：**永遠要用「現在式」來說**，例如，「我現在是……」「我現在擁有……」。你的潛意識是個很聽話的僕人，如果你用未來式說「我想要……」或「我將會擁有……」，那麼你的理想人生就會一直處於「想要」「將會擁有」的狀態，永遠是遙不可及的未來！

不批判自己，才能真正地愛自己

我之前說過，不論什麼樣的問題，主要還是從「愛自己」這件事下工夫，它可說是化解一切問題的「魔法棒」。回想一下，在你對自己感覺很好的那些時光裡，人生是不是也一帆風順？你沉浸在愛裡那些時期，是不是好像一切都沒問題？愛自己就是會為你帶來這種美好的感覺及好運，讓你開心地翩翩起舞。**愛自己會讓你感覺很棒！**

然而，除非你能肯定自己、接納自己，否則不可能真正愛自己。因此，無論如何都不要批判自己——現在我聽見有人在抗議了：

「可是我一直都在批判自己。」

「我怎麼可能喜歡那樣的自己？」

「我的父母／老師／情人一直都在批評我。」

「不批判自己，我怎麼會有進步的動力？」

「但我做那些事確實是不對啊。」

「如果不批判自己，我如何改變？」

訓練你的心智

上述那些自我批判，不過是心智又在繼續過往的喋喋不休罷了。有沒有看到你是如何訓練你的心智來責備自己並抗拒改變的？別理會那些念頭，開始進行真正重要的工作吧！

讓我們回到先前做過的一項練習。請看著鏡子說：「我愛我自己，而且肯定這樣的我。」

同樣是對自己說這句話，你現在的感覺如何？對「寬恕」這件事下過工夫之後，再做這項練習是不是比較容易一些？愛自己依舊是最主要的議題，而自我肯定與自我接納是正向改變的關鍵。

在我常常否定自己的那段日子裡，有時我會打自己耳光。當時我還不明白自我接納的意義，只相信自己有所匱乏、有所限制，別人怎麼勸我都沒用。如果有人告訴我，我是被愛的，我當下的反應是：「為什麼？我有什麼地方值得被愛？」不然就是浮現最典型的念頭：「如果知道我內在的真實模樣，他們就不會愛我了。」

那時我並未意識到，接納內在的自己與愛自己，是一切美好事物的開端。而想要與自己發展出平靜且充滿愛的關係，需要一些時間。

首先，我會找出我認為自己擁有的一些小小的「美好特質」。光是這樣做就很有幫助，我的健康開始好轉。良好的健康狀態從愛自己開始，成功、愛與創造性的自我表達也是如此。後來，我學會去愛、去肯定自己的一切，甚至包括那些我認為自己「不夠好」的地方，我才真正開始有所進步。

練習：我肯定我自己

我已經建議許多人做這個練習，而且效果驚人。接下來這一個月，要不斷地對自己說：「我肯定我自己。」

一天至少這樣對自己說上三、四百次。其實這並不算太多，你因為某個問題而擔心憂慮時，不是也會至少想個三、四百次嗎？就讓「我肯定我自己」這句話成為你整天說個不停的咒語吧！

然而，在說「我肯定我自己」時，埋藏在意識中的相反意見一定會被帶出來。

當你心裡想著：「我這麼胖，叫我如何肯定自己？」「只有笨蛋才會認為這樣做有好處。」「我一點都不好啊！」，或是浮現任何一種負面聲音時，就是該控制心智的時候了。不要認為這些念頭很重要，把注意力都放在上面，只要如實地看著它們就好——它們只不過是把你困在過去的另一種方法。請溫柔地對這些負面想法說：「我讓你走；我肯定我自己。」

事實上，光是考慮要不要做這個練習，就會出現許多念頭，例如：「這樣做感覺好蠢。」「這樣做很假。」「這是在說謊。」「這聽起來太自大了。」或「我做了那種事，叫我如何肯定自己？」

讓這樣的念頭「船過水無痕」地過去吧，它們不過是你內在的抗拒。除非你選擇相信這些念頭，否則它們對你毫無影響力。

「我肯定我自己，我肯定我自己，我肯定我自己。」不論發生什麼事，也不論別人對你說了什麼、做了什麼，你都要不斷地這樣對自己說。事實上，當別人對你做出你不贊同的事情，而你仍能對自己說出這句話時，你就知道，你正在成長、正在改變。

除非我們讓步，否則想法對我們沒有控制力。它們不過是一些串在一起的詞語，本身並沒有任何意義，其意義是我們賦予的。因此，讓我們選擇那些可以滋養我們、支持我們的想法吧！

自我接納有一部分是放下別人的意見。倘若我不斷地對你說：「你是一隻紫色的豬，你是一隻紫色的豬。」你可能會笑我，不然就是覺得我很煩，認為我瘋了；也就是說，你多半不會把這句話當真。然而，我們選擇相信的那些跟自己有關的事情，很多都是既離譜又不真實。例如，相信你的自我價值建立在你的身材上，其實跟相信「你是一隻紫色的豬」沒兩樣。

那些我們認為自己「不對勁」的地方，往往只是個人特質的展現罷了。這正是我們與眾不同之處。大自然中沒有重複的事物，自從盤古開天闢地以來，就沒有兩片雪花或兩滴雨水是一樣的，每一朵雛菊也都與其他雛菊迥然不同。而就像所有人的指紋都不一樣，我們每個人也是。**我們天生就是不一樣，如果能接受這一點，就沒有競爭、沒有比較**。想要和別人相同，無異於讓自己的靈魂枯萎，因為我們之所以來到人間，就是要展現**真正的自己**。

直到我開始學習去愛此刻的自己，我才了解自己的本質。

將覺察付諸實踐

要想著那些讓你快樂的想法，做那些讓你感覺很棒的事，和那些讓你覺得愉快的人相處，吃那些讓你的身體覺得舒服的食物，以讓你感覺愉快的步調過生活。

播下正面肯定句的種子

思考一下番茄這種植物。一株健康的番茄可以長出上百顆果實，而要獲得這麼一株結實纍纍的番茄，必須從一粒小小的乾燥種子開始。這粒種子看起來不像番茄，更甭說嚐起來像了。要不是確定它是番茄種子，你甚至不相信它會長成一株番茄。不過，我們先假設你把這粒種子播在肥沃的土裡，為它澆水，讓它晒太陽。

當這粒種子抽出第一個小嫩芽時，你不會一腳將它踩扁，然後說：「這不是番茄！」相反地，你會看著它說：「噢，天啊！它發芽了。」然後興高采烈地看著它成長。假如你持續不斷地為它澆水、除草，給它充足的陽光，最後，你終將得到一株能結出上百顆甜美果實的番茄，而這一切全部從一粒小小的種子開始。

要創造新的生命經驗也是如此。潛意識是你播種的土壤，新的肯定句則是種子，而**全新的生命經驗就蘊藏在這小小的種子之中**。你用肯定句來灌溉它，讓正面思維的陽光灑在它身上，並除去負面想法的雜草。當你第一次看見小小的改變跡象時，你不會一腳將它踩扁，然後說：「這樣還不夠！」你反而會興高采烈地說：「噢，天啊，它奏效了耶！」然後，你會看著它成長，並顯化為你的渴望。

練習：創造新的改變

現在，你該將你認為自己「不對勁」的地方，轉為正面肯定句了。或者，你也可以列出所有你想要的改變，然後從中選出三項，將它們轉為正面肯定句。

假設你列出的負面想法是像這樣：

- 我的生活一團糟。
- 我應該減肥。
- 沒有人愛我。
- 我想搬離這裡。
- 我討厭我的工作。
- 我做事沒有條理。
- 我做得不夠。
- 我不夠好。

你可以將它們轉換成：

- 我願意捨棄我內在造成這些狀況的模式。
- 我正處於正向轉變的過程中。
- 我有個快樂又苗條的身體。
- 不論走到哪裡，我都感受到愛。
- 我擁有完美的生活空間。
- 我正在創造一份很棒的新工作。
- 我現在做事很有條理。
- 我欣賞自己所做的一切。
- 我愛自己、肯定自己。
- 我相信生命的過程會帶來對我最好的一切。
- 我值得擁有最好的，而我現在就接受它。

你自己列出來想要改變的一切，不脫以上這些肯定句的範圍。愛自己、肯定自己、創造安全的空間、信任生命的過程、相信自己值得擁有最好的並接受它，將會使你的體重恢復正常。它們會在你的心智之中形成組織、條理，在你的生活中創造充滿愛的關係，並吸引新的工作和新的住處。番茄成長的方式非常神奇，而我們顯化自己的渴望的方式也很不可思議。

你值得擁有美好的事物

你相信你值得擁有自己渴望的事物嗎？如果答案是否定的，你就不會讓自己擁有它。於是，你無法控制的情況就會突然出現，讓你沒辦法順心如意。

練習：我值得擁有自己渴望的一切

看著鏡子對自己說：「我值得擁有或成為＿＿＿＿＿＿，而且我現在就接受它。」請重複說兩、三次。

你覺得如何？你要一直注意自己的感受，注意身體的反應。你真的這樣認為嗎？或者，你還是覺得自己不值得？

倘若你體內仍然有負面的感受，就回頭說以下的肯定句：「我放下意識中那些對幸福產生抗拒的模式。」「我值得＿＿＿＿＿＿。」

請不斷重複這樣說，直到你感覺自己真的接受為止，即使必須連續做好幾天。

從身心靈同時著手調整自己

在建立新信念這件事情上，我們採用整體醫療的方法。整體醫療的理念是要同時滋養身、心、靈三方面，如果忽略其中任何一項，我們就不完整、就缺乏整體性；而只要可以同時含括身、心、靈，從哪一方面著手都無所謂。

如果要從身體開始，我們可能就會注意營養方面的訊息，學習了解我們選擇的食物和飲料如何影響自己身體的感覺。我們想要為自己的身體做出最好的選擇，所以可能會嘗試藥草、維他命、順勢療法、巴哈花精療法，或許也會嘗試灌腸療法。

我們會想要找到適合自己的運動方式，因為運動可以強化骨骼，讓身體保持年輕。除了球類運動和游泳之外，也可以考慮跳舞、打太極拳、練武術或瑜伽。我喜歡彈簧墊，每天都會跳一跳，而傾斜板則能讓我放鬆。

另外，我們或許也會想要探索某些調理身體的方法，例如羅夫按摩法、海勒療法或崔格身心整合療法，而按摩、足部反射療法、針灸或整脊療法也很有幫助。除此之外，還有亞歷山大技巧、生物能療法、費登奎斯療法、觸康健及靈氣等各種調理身體的方法。

如果要從心智著手，我們可能會去探索觀想技巧、意象引導和肯定句。另外，還有許多心理學的技巧，例如完形治療、催眠、呼吸重生療法、心理劇、前世回溯、藝術治療，甚至是夢境解析。

任何一種形式的靜心都是讓你的心智靜下來，並讓自己的「知曉」浮現的好方法。我通常會閉目坐著，然後問道：「我現在必須知道些什麼？」接著就靜靜地等待答案。如果答案出現，那很好；倘若答案並未浮現，那也不錯，反正改天它就會出現了。

有些團體會舉辦各種不同風格的工作坊，例如親密關係訓練、心想事成等等，讓你有機會以全新的觀點看待自己的生命。沒有任何工作坊能一勞永逸地解決你所有的問題，然而，它們可以協助你在此時此地改變自己的人生。

至於靈性領域方面，則有祈禱和靜心，讓你得以連結自己的更高源頭。而對我來說，實踐寬恕和無條件的愛也是靈性修練。

靈修團體有很多，除了基督教會之外，還有宗教科學（Religious Science）與合一（Unity）之類的玄學派教會，以及悟真會（Self-Realization Fellowship）、靈性內在覺察運動（Movement of Spiritual Inner Awareness）、超覺靜坐（Transcendental Meditation）和悉達基金會（Siddha Foundation）等等。

我要你知道，你有許多條路可以探索。如果某個方法對你沒有用，就試試其他的。以上這些建議都已經被證實有益於人，我無法說哪一個最適合你，你必須自己去發現。沒有任何一種方法、沒有任何一個人，也沒有任何一個團體能提供每個人答案，包括我自己也是。在你走向整體健康的道路上，我不過是一塊踏腳石。

在我無盡的生命中，一切都是完美、圓滿而完整的。
我的生命永遠常新。
我生命中的每一刻都是新鮮的、重要的。
我運用肯定的思維模式，來創造自己想要的一切。
今天是新的一天，我也是全新的我。
我以不同的方式思考、說話和行動，
別人也以不同的方式對待我。
我的新世界反映了我的新思維。
播下新的種子令人感到快樂、喜悅，
因為我知道，這些種子將會成為我的新體驗。
在我的生命中，一切都是美好的。

第十一章　療癒身心的日常工作

「我樂於練習新的心智技巧。」

孩子如果第一次跌倒就放棄，他們永遠學不會走路

就像學習其他新事物一樣，你必須不斷地練習，才有辦法讓它成為你生活的一部分。首先，這需要很大的專注力，因此有些人會視其為「苦差事」。我不喜歡把它當成苦差事，而是將它視為我要學習的一樣新事物。

不論學什麼（開車、打字、打網球或正面思考），過程都是一樣的。剛開始摸索時，你會跌跌撞撞、不斷犯錯，因為人的潛意識是在嘗試中學習的。不過，每多練習一次，事情就變得更容易，你也會做得更好。當然，你不可能第一天就做到「完美」，只能盡力而為。但如果一開始就能盡力去做，已經很足夠了。

請常常對自己說：「我盡力而為。」

永遠要支持自己

我還清楚記得我的第一次演講。當我步下講台之後，我立刻對自己說：「露易絲，你好棒！第一次演講就有這樣的表現，真是了不起！再講個五、六次，你一定會成為專業演說家。」

幾個小時後，我告訴自己：「我認為有幾個地方還可以做些修正。我們可以改一下這裡，那裡也可以調整一下。」然而無論如何，我都不會批評自己。

倘若一走下講台，我就開始責備自己：「噢，你真糟糕！你這裡做得不對，那裡也說得不好。」那麼我可能會很害怕進行第二次演講。但後來果然不出我所料，我的第二次表現得比第一次好；到了第六次演講，我真的覺得自己是個專業演說家了！

了解周遭運作中的「法則」

動筆寫這本書之前，我為自己買了一部文書處理電腦。它被我叫作「魔法女郎」，是我選擇學習的新事物。我發現，學習電腦跟學習靈性法則幾乎一模一樣。當我學會如何操作電腦之後，它就真的能為我施展「魔法」；但如果我沒按照它的規則操作，它要不是動也不動，不然就是出現非我所願的結果，完全沒有商量的餘地。在學習的過程中，我也許會備感挫折，但我的電腦仍然耐心等候，直到我學會它的操作規則為止。然後，它就開始為我展現魔法了。這一切都需要練習。

你現在正學著要做的事也一樣。你必須學習靈性法則，並嚴格遵循之，而不能將它們扭曲成你舊有的思考方式。你得學習並遵循新的語言，如此一來，你的生命中就會出現「魔法」。

強化學習成效

你可以用來加強新的學習的方法越多越好。我個人建議：

- 表達感激
- 寫下肯定句
- 坐下來靜心
- 享受運動的樂趣
- 實行良好的營養規則
- 大聲說出肯定句
- 吟唱肯定句

- 花一些時間做放鬆練習
- 運用觀想及心像法
- 閱讀及學習

我這樣過我的每一天

我是這樣過每一天的：

早上醒來，在張開眼睛之前，我腦子裡最先出現的念頭就是去感謝我想到的每一件事物。起身沐浴後，我會花半小時左右的時間靜心，並做肯定句練習及祈禱。

接著，我會花大約十五分鐘做運動，通常是跳彈簧墊，有時則會跟著早上六點的節目做有氧運動。

接下來，我準備享用包含了水果、果汁和花草茶的早餐。我感謝大地之母賜給我食物，並感謝這些食物奉獻它們的生命來滋養我。

午餐之前，我喜歡走到鏡子前面大聲地唸一些肯定句，甚至唱出來。例如：

露易絲，你好棒，我愛你。
今天是你生命中最美好的日子之一，

萬事萬物都在為你最大的幸福而運作著。
你必須知道的一切，都會顯現在你面前；
你需要的一切，也會來到你身邊。
一切都是美好的。

午餐通常是一大盤沙拉。同樣地，我會對食物表達感激與祝福之意。傍晚，我會花一點時間躺在傾斜板上，讓身體進入極度放鬆的狀態。此時，我可能會聽CD。

晚餐吃的是蒸過的蔬菜和穀類，有時候也會吃魚或雞肉。簡單的食物能讓我的身體運作得最順暢。我喜歡與別人共進晚餐，除了祝福食物外，我們也會給彼此祝福。

晚上，我有時候會花一點時間閱讀及學習。我永遠有許多東西要學。此時，我會把我目前正在練習的肯定句寫個十遍或二十遍。

上床之後，我會彙整思緒，回顧一整天所發生的事，並祝福自己的每一項行動。然後我肯定地告訴自己，我會睡得很深、很安穩，隔天會在明亮的早晨醒來，覺得精神十足，對新的一天充滿期待。

聽起來令人難以招架，對不對？一開始的時候，似乎有許多事情要做，然而經過一小段時間，新的思考方式就會像洗澡或刷牙一樣，成為你生活的一部分。你會自動自發地以新的方式思考，而且毫不費力。

如果全家人能在早上一起做其中幾件事，那就太棒了。早上一起靜心，以展開新的一天，或者在晚餐之前一起靜心，都可以為全家人帶來平靜與和諧。如果覺得沒有時間，那麼你可以提早半小時起床，因為這些事情帶來的好處絕對值得你這樣做。

你如何展開你一天的生活？

早上醒來，你的第一句話是什麼？每個人都有一句幾乎天天會說的話，你的那句話是正面或負面的？我還記得，以前我早上醒來第一句話就是抱怨：「天啊，又要過另一天了！」而我所過的每一天也如同我帶著抱怨的心所設想的那樣，不如意的事一件接著一件。現在，每當我早上醒來、張開眼睛之前，都會先感謝讓我一夜好眠的那張床，畢竟我們一起舒適地度過一整晚。接下來，在眼睛仍然閉著的狀態下，我會花大約十分鐘來感謝我生命中所有美好的事物。然後，我會稍微規畫一下今天的工作，並肯定地對自己說，一切都會很順利，而且我會樂在其中。以上就是我在起床靜心或祈禱之前會做的事。

每天靜心對你有很大的幫助

每天挪出幾分鐘的時間靜心，如果你在這方面是新手，就先從五分鐘開始。請靜靜地坐著，觀察自己的呼吸，並讓念頭輕輕地掠過腦海，只要不去在意，它們就會這麼過去了。腦袋裡浮現各種念頭是很自然的事，因此，不要試圖擺脫它們。

你可以從許多課程和書籍中找到靜心的方法，而不論你如何開始或從何著手，最終你都會創造出最適合自己的方式。我通常只是靜靜地坐著，問道：「我現在必須知道些什麼？」然後讓答案自行浮現。如果答案沒有出現也不要緊，我知道它以後就會出現。總之，靜心的方法並沒有對錯之分。

另一種靜心法是安靜地坐著觀察呼吸。吸氣時，數一；吐氣時，數二。就這樣從一數到十，然後再從一開始數起。如果你發現自己竟然數到二十五左右，就從頭再來，由一開始數起。

有一位來尋求幫助的女士，我覺得她非常聰明。她的心思異常敏捷，且相當幽默，然而她卻無法打起精神，做好該做的事。她體重過重、財務拮据、工作不順，而且好幾年沒談過戀愛了。她可以很快就接受所有形而上的概念，並了解其意義，但她太聰明、反應太快了，快到她發現自己很難放慢下來，在一段時間內好好地實踐她很快就領會的概念。

後來她開始每天靜心，這對她幫助很大。我們可以從每天五分鐘開始，然後逐漸增加到每天十五至二十分鐘。

讓肯定句為你實現願望

我有個信念是，我和房東一直保持良好的關係。我在紐約市的最後一個房東是出了名地難搞，每個房客都抱怨連連。住在那裡五年，我只見過他三次。決定搬到加州之後，我想把所有的身外之物都賣掉，重新開始，不想讓過去妨礙我。於是，我開始說肯定句，例如：

「所有的東西都很快地順利賣掉。」

「搬家很容易。」

「萬事萬物都在神聖的適當秩序之下運作。」

「一切都很好。」

我不去想著賣掉東西有多困難、最後幾晚我要睡哪裡，或是其他負面的念頭，只是持續地說肯定句。結果，來找我諮商的人和我的學生很快就買走了我所有的小東西及大部分的書籍。而我寫信通知房東我不續租之後，他竟出乎意料地打電話給我，說他對於我要離開感到很難過，而且願意寫推薦函給我在加州的新房東，並詢問我可否將家具賣給他，因為他以後出租那層公寓時打算附家具。

我的更高意識以我想像不到的方式，將以下兩個信念結合在一起：「我和房東一直保持良好的關係」及「所有的東西都很快地順利賣掉」。其他房客都不敢相信，我竟然可以在家具齊全的舒適公寓裡睡在我自己的床上，直到離開前的最後一刻，然後還有人付我錢！最後，我只帶著幾件衣服、果汁機、攪拌器、吹風機、打字機，還有賣東西賺來的一大筆錢，悠哉地搭火車前往洛杉磯。

練習：每天的肯定句

選出一、兩個肯定句，每天寫十遍或二十遍。帶著熱情將你的肯定句大聲地唸出來，或是把它們編成一首歌，然後充滿喜悅地唱出來。讓你的心一整天不斷重溫這些肯定句，因為肯定句只要持續被使用，就會變成信念，而且一定會產生結果，有時成果甚至會以超乎你想像的方式出現。

不要相信任何限制

到了加州，我需要買一部車。由於我以前沒有車，也從來沒有過大筆金額的交易，因此並未累積信用紀錄，銀行無法借錢給我。加上我是個女人，從事的又是沒有固定收入的自由業，申請貸款更是難上加難。但我又不想花光所有的積蓄來買新車，於是，如何建立信用紀錄成了無解的問題。

然而，我拒絕對這樣的狀況或銀行懷有任何負面的想法。我先租了一輛車，並且持續說肯定句：「我有一部漂亮的新車，我很容易就得到它。」

我也讓每個我認識的人知道，我想買新車，但是到目前為止還無法建立信用紀錄。大約三個月之後，有位事業有成的女士與我一見如故。當我把我想買車的事情告訴她時，她對我說：「沒問題，包在我身上！」

她打電話給一位欠她人情的銀行界朋友，然後告訴對方，我是她的「老」朋友，並極力推薦我。結果不到三天，我就開著一部漂亮的新車了。

我並沒有興奮過度，因為我「對整個過程感到敬畏」。我相信，我之所以花了三個月才買到車，是因為我以前從未承諾過「每個月付款」這種事，因此我的內在小孩很害怕，而且需要時間鼓起勇氣踏出第一步。

練習：我愛我自己

我假設你已經在說「我肯定我自己」，到了幾乎不休息的地步。這是非常有力量的基本功，至少要持續一個月。

現在請拿出一本便條紙簿，在最上面寫下：「我愛我自己，因此……」請盡可能想一想「因此」後面可以接什麼，想到越多事情越好。每天要重複讀這個句子，想到新的事情就隨時加上去。

如果有夥伴可以一起練習，就請握著彼此的手，然後輪流說：「我愛我自己，因此……」這項練習最大的好處是讓你知道，當你說你愛自己時，你幾乎不可能看輕自己。

練習：想像自己處於新的狀態

觀想自己已經擁有、成為或正在實現你努力想達成的目標。要想像所有的細節，感覺到、看到、嘗到、觸摸到、聽到那個情境。注意別人對你的新狀態有何反應。不論他們的反應是什麼，你都要泰然處之。

練習：擴展你的知識

盡量去閱讀任何能擴展你對「心智運作方式」的認識與了解的書籍。還有許多知識等著你去發掘，本書不過是你旅程的其中一步。你應該多去了解其他的觀點，聽聽別人不同的說法，並與一群人共同研究、探討，直到你超越他們。

這是一輩子的功課。學習得越多，了解得越多，實踐及應用得越多，你的感覺就會越美好，你的生命也會變得越美妙。做這項功課會讓你感覺很棒！

讓自己的轉變成為一種喜悅

盡可能多多練習以上提到的各種方法，你的努力就會開始出現成果。你會發現生活中出現了小小的奇蹟，你準備消除的東西會自動消失，你想要的事物會突然出現，除此之外，你還會得到意想不到的收穫！

針對自己的心下工夫幾個月之後，我既高興又訝異地發現，我看起來更年輕了，現在的我看起來比十年前的我還要年輕十歲呢！

要愛你自己，愛你的本來面目，愛你所做的一切。只要可以對自己、對人生一笑置之，就沒有任何事物能影響你，反正一切都只是曇花一現。既然下輩子你的做法會有所不同，那麼，何不現在就改變自己的做法？

你可以去讀諾曼．卡森斯寫的一本書。他用歡笑擊退致命的病魔，可惜，他並未改變引起那場病的心理模式，於是造成了另一項疾病。然而，最後他還是用歡笑贏回了自己的健康！

療癒自己的方法有許多種，你可以全部都嘗試看看，然後選擇最適合你的方法。晚上睡覺時，請閉上眼睛，再次感謝你生命中美好的一切。這樣做會為你帶來更多美好的事物。

睡覺前不要收聽或收看新聞，因為新聞大多是在報導災難，你可不想將它們帶進夢鄉。許多清理的工作都是在做夢狀態下完成的，因此，你可以請求自己的夢協助進行你目前正在努力的任何事情，通常在隔天早上，你就會發現答案了。

請平靜地入睡，信任生命的過程會支持你，並為了你最大的幸福與喜樂打點好一切。

沒有必要認為自己在做一件苦差事。它可以是有趣的，可以是一場遊戲、一種喜悅，這完全取決於你！如果你想要，連練習寬恕和釋放怨恨也可以很有趣。請為那些你難以放下的人或情境編一首歌吧！當你哼唱這首小曲子時，整個過程就會輕鬆起來。我私底下為人療癒時，會盡快將歡笑帶進療程中，因為對整件事情可以越快一笑置之，我們就越容易放下它。

如果被稱為「笑聲守護神」的知名劇作家尼爾．賽門將你的問題搬上舞台演出，你看到一定會笑翻了！事實上，悲劇和喜劇是同一回事，就看你怎麼想。「噢，我們這些凡人多麼愚蠢！」請盡量讓自己的轉變成為一種喜悅、一種樂趣。祝你玩得開心！

❤

在我無盡的生命中，一切都是完美、圓滿而完整的。
我支持我自己，生命也支持著我。
在我周遭及生活的各個層面，我都看見靈性法則運作的證據。
我以各種充滿喜悅的方法強化我學會的一切。
我帶著感恩與喜悅展開新的一天。
我熱烈期待每一天的冒險，並且明白：
在我的生命中，「所有事物都是美好的」。
我愛我的本來面目、愛我所做的一切。
我是生命活生生的展現，充滿了愛與喜悅。
在我的生命中，一切都是美好的。

第四部
實踐篇

在我的生命中，一切都是美好的。

第十二章 你與一切人事物的關係

「我與一切人事物的關係都十分和諧、順遂。」

關係似乎是人生的一切。我們與每一樣事物都有關係存在，甚至現在你與這本書、與我及我的觀念，都存在著某種關係。

事實上，你與所有物品、食物、天氣、交通工具和人的關係，都反映出你與自己的關係，而你與自己的關係則深受你小時候與周遭大人的關係影響。童年時那些大人如何回應我們（不論是正面或負面的回應），我們現在往往也會以同樣的方式回應自己。

想想看，你責罵自己時說的那些話，是不是和小時候父母責罵你所用的字眼一模一樣？那麼，他們又是用哪些話來讚賞你？我敢說，你一定也是用同樣的字眼來讚美自己。

也許父母從未讚賞過你，所以你現在也不知道如何讚美自己，甚至可能認為自己一無是處。我並不是在責怪父母，因為他們和我們一樣，都是受害者的犧牲品。你的父母不可能將他們不知道的東西教給你。

呼吸重生療法帶領人桑德拉・雷對於關係有許多深入的研究。她宣稱，我們現在擁有的主要人際關係，都反映出過去我們與父親或母親的關係。她同時表示，除非徹底澄清與父母之間的關係，否則我們無法隨心所欲地創造出自己想要的關係。

人際關係是你的鏡子

你吸引來的事物，往往會反映出你的特質，或是你對關係所抱持的信念。不論是你與老闆的關係，或是與同事、員工、朋友、情人、配偶或子女的關係皆然，你不喜歡他們的地方，其實是你自己會做或不會做，或是你深信不疑的事情；要不是他們彌補了你生命的某個部分，否則你不會將他們吸引過來。

練習：將他人當成自己的鏡子

想一下生活中讓你感到困擾的某個人，說出三件這個人讓你不喜歡的事情，亦即你希望他或她改變的地方。

現在，請深入自己之內探索，並問問自己：「我有哪些地方其實跟他是一樣的？我什麼時候也會做出相同的事情？」

閉上眼睛，給自己時間好好想一想。

接著問問自己，你是否願意改變？一旦將這些模式、習慣和信念從你的思想和行為中移除，對方就會隨之改變，或者離開你的生活圈。

如果你的老闆既愛批評又很難取悅，那麼就深入自己的內在看一看。你要不是在某種程度上也是既愛批評又很難取悅，不然就是相信「當老闆的人總是既愛批評又很難取悅」。

如果你有個員工總是不服從命令，或者做事有頭無尾，那麼就檢視一下自己在哪方面也是如此，然後將它徹底清除。開除一個人很容易，但這樣做並無法移除你的模式。

如果你有個同事不願和人合作、缺乏團隊精神，那麼就去探索你會吸引這種情境的原因，看看自己是不是在某方面也同樣缺乏合作精神。

如果你有個朋友很不可靠又讓你失望，那麼就轉向自己的內在看一看。你在哪方面也很不可靠？你什麼時候讓別人失望？你是否抱持著這種信念？

如果情人對你既冷漠，又好像不愛你，那麼就檢視一下你內在是否有這樣的信念：「愛是冷漠的，而且不能流露出來。」因為小時候你看到你的父母就是這個樣子。

如果你的另一半既嘮叨又不支持你，也請檢視一下自己童年時的信念。你的父親或母親是不是同樣既嘮叨又不支持另一半？你也是那樣嗎？

如果子女有你看不慣的惡習，我敢說，那一定也是你的壞習慣，因為小孩子會模仿身邊大人的行為。改掉自己的壞習慣吧！接著你會發現，孩子也自動改變了。

請先改變自己，因為這是改變他人唯一的方法。改變自己的模式之後，你就會發現「他們」也變得不一樣了。

怪罪他人是沒有用的，這樣做只會將自己的力量交給別人。請把力量留在自己身上，因為沒有力量，我們就無法改變。無能為力的受害者，是找不到出路的。

吸引愛情

愛情總是在我們最不經意、最無所期待的時候到來。拚命追求愛情無法為你帶來適合的伴侶，反而只會製造渴求與不快樂。事實上，愛從來不在外面，而是在我們之內。

別堅持要立刻擁有愛情，因為你也許尚未準備好接受它，或者你還沒成熟到足以吸引你想要的愛情。

不要只為了想有個伴，就勉強接受任何人。請設定自己的標準：你想吸引什麼樣的愛情？列出你自己的特質，那麼你就會吸引具備這些特質的人。

也許你可以檢視一下什麼樣的事情會讓愛情遠離。批判？無價值感？不合理的標準？想像自己的伴侶應該像電影明星？對親密關係的恐懼？相信自己不為人所愛？

當愛情來臨時，請做好迎接它的準備。預備一塊心田，準備好滋養愛情，因為你必須先充滿愛，別人才會愛上你。所以，請把自己敞開來接受愛吧！

❤

在我無盡的生命中，一切都是完美、圓滿而完整的。
我和我認識的每個人一起生活在平衡與和諧之中。
我生命深處有一口井，裡頭充滿源源不絕的愛。
現在我允許這份愛流到表面，充滿我的身、心、靈、意識和生命，
然後向四面八方發射出去，再變成好幾倍的愛回到我身上。
我運用並給出越多愛，我就有更多的愛可以給予，
因為這份愛是取之不盡、用之不竭的。
運用愛讓我感覺美好，這是我內在喜悅的一種展現。
我愛我自己，因此，我用愛心呵護自己的身體。
我帶著愛照顧它的飲食、穿著，

它也充滿愛地以健康和活力回報我。
我愛我自己，因此，我給自己一個舒適的家，
它滿足我一切所需，住在裡頭令人心曠神怡。
我讓每個房間都充滿愛的振動，
任何人（包括我自己）走進來都會感受到愛，並得到它的滋養。
我愛我自己，因此，我從事真正讓我樂在其中的工作，
讓我的創造天賦及能力得以發揮出來。
我和我愛的人及愛我的人一起工作，也為了他們而工作，
並擁有一份很好的收入。
我愛我自己，因此，我以充滿愛的思想與行為對待每一個人，
因為我知道，我給出的一切，都會加倍回到我身上。
我只會吸引充滿愛的人，因為他們就是我的鏡子。
我愛我自己，因此，我寬恕一切，並完全放下過去，
然後，我就自由了。
我愛我自己，因此，我全然地活在當下，
體驗每一刻的美好，並且明白：
我的未來是光明的、喜悅的、平安的，

因為我是宇宙的愛子，永遠會受到它慈愛的呵護。
在我的生命中，一切都是美好的。

第十三章　工作

「我深深滿足於自己所做的一切。」

你是否希望上面這個肯定句成真？不過，你也許一直被以下的想法限制住了：

- 我受不了這份工作。
- 我討厭我的老闆。
- 我的錢賺得不夠多。
- 他們不感激我所做的工作。
- 我與工作夥伴處不來。
- 我不知道自己想做什麼。

這是負面的、防衛性的思維。你認為這樣的想法能為你帶來好工作嗎？它們其實只會產生反效果。

倘若你不喜歡目前的工作、想換職務、工作上出問題或失業，最好的做法是：帶著愛感謝並祝福你現在的狀況，並了解到，這只是你人生路上的踏腳石，你之所以會處於這種情境，是你自己的思維模式造成的。如果「他們」用你不想要的方式對待你，那是因為你的意識中有某種模式在吸引這樣的行為。所以，請在心中檢視一下你目前的工作或前一個工作，並開始帶著愛感謝一切：建築物、電梯或樓梯、房間、家具、設備、老闆、同事，以及每一位顧客。

然後，開始對自己說肯定句：「我總是為最好的老闆工作。」「我的老闆對我總是很有禮貌、很尊重我。」「我的老闆慷慨大方，工作上又很容易相處。」如此一來，你這輩子都會遇見這種老闆；如果自己當上老闆，你也會這樣對待你的員工。

有位年輕人即將展開新工作，但是他很緊張。記得我當時對他說：「你怎麼會做不好？你當然會成功！敞開你的心，讓自己的才華展現出來，然後要帶著愛感謝並祝福你的新公司、同事、老闆及客戶，一切都會很順利的。」

他照做了，結果非常成功。

如果你想辭去現在的工作，那就開始肯定地告訴自己，你帶著愛將這份工作移交給下一位樂於接手的人，同時你也知道，許多人正在尋找你這樣的人才，甚至現在生命已經在安排你們會面了。

和工作有關的肯定句

「我完全敞開來接受一份美好的新工作，讓我的天賦與能力得以發揮，也讓我的創造力盡情展現出來。我喜歡我的老闆和同事，他們也愛我、尊重我。我工作的地方很棒，收入也很不錯。」

倘若工作上有人讓你覺得不堪其擾，那麼每次想到這些人時，也帶著愛感謝並祝福他們。事實上，每個人都具備每一項人格特質，**我們可以成為希特勒，也可以成為德蕾莎修女，就看自己如何選擇**。如果某人很愛批評，那就開始肯定地說，他非常有愛心，而且總是讚美別人；如果某人很愛抱怨，那就肯定地說，他令人感到愉快，和他在一起很有趣；如果某人很殘酷，那就肯定地說，他既溫柔又慈悲。假如你在這個人身上只看見美好的特質，那麼他就會對你展現那些特質，不論他在別人面前是表現出什麼樣的行為。

留在原地或晉升，由你自己決定

有一位男士的新工作是在夜總會彈鋼琴，但他的老闆待人既刻薄又小氣，員工都在背後叫老闆「討命鬼」。他問我該如何處理這種情形。

我答道：「每個人內在都具備一切美好的特質。不論別人與他的互動如何，都與你無關。你每次只要想到這個人，就帶著愛感謝並祝福他，然後肯定地對自己說：『我總是為很棒的老闆工作。』你要持續不斷地這樣做。」

那位男士聽從了我的建議。結果，他的老闆開始熱情地問候他，而且沒過多久，老闆就開始偷偷塞獎金給他，還聘請他到其他幾家夜總會彈琴。至於其他那些對老闆抱持著負面想法的員工，則依然受到很不好的待遇。

如果你很喜歡現在的工作，但覺得薪水不夠，那就開始帶著愛感謝你目前的薪水——對已經擁有的一切表達感激之意，會讓它們增加。接著，肯定地對自己說，你現在正打開自己的意識接受更大的富足，而加薪是這個富足的一部分；肯定地對自己說，你值得讓公司為你加薪，但不是出於負面的理由，而是因為你是公司的寶貴人才，所以老闆想和你分享他的利潤。工作時永遠要盡心盡力，這樣宇宙就會知道你已經準備好脫離目前的職務，晉升到下一個更好的位置。

將你放到現在這個職位上的，是你的意識。它可以讓你停留在原地，也可以將你提升到更好的位置，這一切都由你決定。

在我無盡的生命中，一切都是完美、圓滿而完整的。
我獨特的創造天賦與才能透過我盡情展現。
許多人一直期盼我能為他們服務，
永遠有人需要我，我可以選擇自己想做的事情。
我從事讓我很滿意的工作，賺取優渥的收入。
我的工作充滿喜悅和樂趣。
在我的生命中，一切都是美好的。

第十四章
成功

「每個經驗都是一項成就。」

所謂的「失敗」到底是什麼？事情的結果不是你想要或你希望的，就算失敗嗎？創造體驗的法則絕不會出錯，我們內在的想法和信念是什麼，它都會絲毫不差地顯現於外。因此，你一定是遺漏了某個步驟，或是你內在有個信念對你說「你不值得」——或者，你覺得自己毫無價值。

這就和我用電腦工作時的情形一樣，如果有錯，一定是因為我沒有按照規則操作電腦。這只表示我還有其他東西要學。

俗話說的「一回生，二回熟，三回成高手」真是對極了！它的意思不是要你狠狠地修理自己，然後用同樣的方法繼續試下去；而是要你承認自己的錯誤，然後試著用另一種方式來做，直到你學會正確的做法。

成功是你的天賦人權

對我而言，生命中一次又一次的成就，是我們與生俱來的權利。我們現在之所以不成功，是因為與自己的天賦能力相悖，或是因為不相信自己會成功，不然就是不承認自己的成功之處。

如果設定的標準過高，遠超過我們目前能做到的程度，那麼我們就會一直失敗。

小孩子在學走路或說話時，我們會為他每個小小的進步而鼓勵他、讚美他，於是孩子就會眉開眼笑，並且渴望表現得更好。在學習新事物時，你也是這樣鼓勵自己嗎？或者，你會不斷地罵自己蠢、罵自己笨手笨腳，或說自己是個「失敗者」，而讓學習變得越來越困難？

許多演員都覺得第一次排練就該有完美的演出，然而我會提醒他們，排練的目的在於學習。排練就是一段讓人犯錯、嘗試新方法和學習的時間，唯有透過反覆練習，我們才有辦法學會新事物，並讓它成為自己的一部分。你看到的各領域的佼佼者，其實都花了無數的時間練習，才有今天的成果。

你不要像過去的我一樣——以前我總是因為不知該怎麼做，或者不想讓自己出糗，而拒絕嘗試新的事物。然而，學習就是不斷地嘗試錯誤，直到我們的潛意識學會正確的方法。

不論你認為自己是個失敗者有多久了，你都可以從現在開始創造「成功」的模式，而且不論在哪個領域，原則都是一樣的。我們必須播下成功的「種子」，然後種子會成長為豐盛的收穫。

你可以運用以下這些和「成功」有關的肯定句：

・神性智慧賜予我一切可以運用的構想。
・我接觸的每件事都是一項成就。
・每個人都有許多可能性，包括我自己。
・許多顧客在等待我的服務。
・我對成功有新的體悟。
・我進入贏家的圈子。
・我是吸引天賜的豐盛的磁鐵。
・我受到的祝福遠超乎我的想像。
・各種財富都來到我身邊。
・大好機會無處不在。

從中挑選一個肯定句，反覆說幾天，然後再換另一句。讓這些想法充滿你的意識。別擔心要「如何」完成，機會自然會出現。請相信你內在的智慧，讓它帶領你、引導你。要知道，在你人生的每個領域，你都值得獲得成功。

在我無盡的生命中，一切都是完美、圓滿而完整的。
我與當初創造我的那股力量是一體的。
我內在擁有成功的一切要素。
現在我讓成功的方程式流經過我，並顯化在我的世界裡。
不論我被引導去做什麼，都會成功。
我從每個經驗中學習。
我一次又一次地成功，獲得一次又一次的榮耀。
我的道路由一連串的踏腳石組成，通往更大的成就。
在我的生命中，一切都是美好的。

第十五章　富足

「我值得擁有最好的，而且我現在就接受它。」

如果你希望上述的肯定句成真，就別相信以下的說法：

- 錢來之不易。
- 錢是骯髒的。
- 錢是邪惡的。
- 我很窮，但窮得很乾淨，窮得誠實。
- 有錢人都是壞蛋。
- 我不希望因為有錢而變得高傲自大。
- 我永遠找不到好工作。
- 我永遠賺不到錢。

・錢來得慢、去得快。
・我老是負債。
・窮人永遠翻不了身。
・我的父母很窮，所以我也不可能好到哪裡去。
・藝術家都必須為生活掙扎。
・騙子才會有錢。
・好事輪不到我頭上。
・噢，我不能索價那麼高。
・我不值得。
・我還沒好到可以賺錢的地步。
・不要告訴別人我銀行裡頭有什麼。
・不要借錢給別人。
・省一分錢，就是賺一分錢。
・要未雨綢繆。
・不景氣隨時都可能發生。
・我怨恨那些有錢人。
・辛苦工作才會有錢。

這其中有多少是你的信念呢？你真的認為這些信念能為你帶來富足嗎？這是舊有的限制性想法。也許它是你生長的家庭對金錢的看法，因為來自家庭的信念會一直跟著我們，除非我們有意識地將之捨棄。不論這些信念源自何處，如果想要富足、成功，你就必須讓它們離開你的意識。

我認為，真正的富足就從覺得自己很棒開始，它同時也是一種讓你可以自己決定想做什麼、何時去做的自由。富足與你擁有多少金錢無關，而是一種心態。外在的富足或匱乏，不過是你腦中想法的顯現罷了。

你值得擁有富足的人生

如果不相信自己「值得」擁有富足的人生，那麼就算財富從天上掉下來，我們也會拒之於外。看看以下這個例子：

我有個學生正在努力增加自己的財富。有一天晚上，他來上課的時候顯得興高采烈，因為他剛剛贏了五百美元。他一直興奮地說：「我簡直不敢相信！我以前從未贏過任何東西。」其實我們都知道，那不過是他意識轉變的外在反映罷了。然而，他心裡還是覺得自己不值得擁有這筆錢。結果，隔週他就因為摔斷腿而無法來上課，醫藥費就是五百美元。

這件事情的前因後果是，他一直害怕往富足的新方向前進，總覺得自己不值得，因此才用這種方式懲罰自己。

我們將注意力放在什麼事物上，那樣事物就會變多。所以，別一直想著你的帳單，因為你如果把注意力放在匱乏與債務上，就會製造出更多匱乏與債務。

宇宙中有個取之不盡、用之不竭的供應源頭，你要開始察覺它的存在。花一些時間細數晴朗夜空中的星星，或是手裡的一把細沙、一根樹枝上的葉子、一片玻璃窗上的雨珠、一顆番茄裡的種子。每一粒種子都能長成一棵完整的番茄植株，然後結出無數的番茄果實。所以，請對自己擁有的事物表達感激之意，然後你將發現它們會不斷地增加。我喜歡帶著愛感謝並祝福我目前生活中已經擁有的一切：我的家、暖氣、水、燈光、電話、家具、水管、設備、衣服、交通工具、工作、我擁有的金錢、朋友，以及讓我可以看、感覺、品嘗、觸摸、走路和享受這個美妙星球的能力。

唯一會限制住我們的，只有我們認為自己有所匱乏、有所限制的信念。那麼，現在的你被什麼樣的信念所限？

你想要有錢只是為了幫助別人嗎？但你又說自己沒有價值。

請確定自己現在不會拒絕富足。如果朋友請你吃飯，就欣然接受吧！不要覺得好像是在跟人進行「交易」。有人送你禮物，就優雅地收下吧！即使自己用不著，也可以轉送給別人，讓種種事物透過你流通不息。你只要微笑著說聲「謝謝」，如此一來，宇宙就會知道你已經準備好接受你生命中所有美好的事物了。

為新事物挪出空間

請為新事物挪出空間。清理你的冰箱，將那些錫箔紙包著的小東西都丟掉吧。整理你的衣櫥，把過去半年沒穿過的衣服都拿出來；如果已經一年沒穿的，就賣掉、和人交換、送人或丟掉吧！

有雜亂的衣櫥，表示有一顆雜亂的心。因此在清理衣櫥時，要對自己說：「我正在清理心靈的櫥櫃。」宇宙喜歡這種象徵性的表達法。

我第一次聽到「人人都可取用宇宙的豐盛」這個說法時，覺得簡直太荒謬了！「看看那些窮人，」我對自己說，「看看我這副窮困潦倒的德性。」而聽見「你的貧窮只不過反映了你意識中的信念」這種話，只會讓我火冒三丈。後來，我花了好多年的時間才慢慢了解並接受：我是唯一必須為自己的窮困負責的人。我一直相信「我沒有價值」「我不值得」「錢很難賺」「我沒有才華，也沒有能力」，就是這些信念讓我困在「一無所有」的心理模式，動彈不得。

錢是最容易顯現出來的東西！你對這句話有什麼反應？你相信它嗎？你聽了想罵人嗎？你無動於衷嗎？你準備把這本書扔了嗎？如果你有以上任何一種反應，那就太棒了！

這表示我已經觸動你內在深處抗拒真相之處，而那就是你需要下工夫的地方。現在該是你打開接收的潛能，迎進源源不絕的財富與美好事物的時候了！

愛你的帳單

有一件事非常重要：不要再為金錢憂慮，並停止抱怨帳單。許多人對帳單避之唯恐不及，彷彿那是一種懲罰。事實上，帳單是對我們付款能力的一種認可，那些公司或店家是認為你夠有錢，才會先提供服務或商品給你。因此，我帶著愛感謝我的每一張帳單，而開出的每張支票上面也都有我愛的祝福及小小的唇印。如果你付帳時滿懷怨恨，金錢就很難再回到你的身上；相反地，假如你帶著愛與喜悅付款，你就開啟了讓富足自由流動的管道。要把錢當作朋友，而不是隨便揉成一團就塞進口袋裡的東西。

你的安全感不是來自你的工作、銀行戶頭、投資、另一半或父母，而是來自與創造萬物的宇宙力量連結的能力。

我喜歡把在我體內呼吸的那股力量視為提供我一切所需的力量，而且同樣輕鬆、容易。宇宙浩瀚無盡又慷慨大方，向宇宙汲取自己需要的一切是我們與生俱來的權利，除非我們選擇不相信這件事。

每次使用電話時，我都會用愛感謝並祝福它，並常常肯定地說它只會為我帶來富足與愛的話語。我也這樣對待我的信箱，所以它每天都塞滿朋友、客戶和遠方讀者寄來的支票及充滿愛的信件。帳單寄來時，我也欣然接受，並謝謝那些公司相信我會付款。我感謝並祝福我的門鈴和大門，知道只有好事才會上門來。我期待自己的生活美好且充滿喜悅，而它也確實如我所願。

這些觀念適用於每個人

有一位商人想要擴展事業，於是來我這裡上關於富足的課程。他覺得他對自己所從事的行業頗為擅長，希望一年能有十萬美元的收入。我將我告訴你的那些方法教給他，結果沒多久，他就賺到了錢，並投資在中國瓷器上。現在他花很多時間在家裡，欣賞他投資的那些美麗瓷器。

為別人的好運高興

不要浪費時間在怨恨或嫉妒別人擁有的比你多，因為這樣一來，你只是在拖延自己的富足。此外，也不要批評別人花錢的方式，因為那不干你的事。

每個人的言行舉止都是按照他自身意識的法則，因此，你只要照顧好自己的念頭、祝福別人的好運，並明白人人都能得到富足即可。

你會吝於給小費嗎？你會用某些自以為是的表達方式粗暴地對待打掃廁所的清潔人員嗎？聖誕節時，你會不會無視辦公室或公寓大樓門口的守衛？你會為了沒必要節省的幾塊錢，而去購買不新鮮的蔬菜和麵包嗎？你是否經常在廉價商店買東西，或者總是點菜單上最便宜的食物？

供需之間有個法則存在：先有需求，才有供應。需要錢的時候，自然會有生財的辦法。這就是為什麼即使最窮困的人家，也幾乎都可以籌出錢來舉辦喪禮。

觀想富足的海洋

你的富足意識不是取決於你的金錢，相反地，你那源源不絕的金錢是因為你的富足意識才出現的。

當你可以想像得越多，真實生活中也會出現越多。

我很喜歡這樣觀想：想像自己站在海邊，看著一望無際的海洋，並且知道這個海裡有無限的財富可供我取用。低頭看看你手上拿的是什麼樣的容器。是茶匙？裡頭有洞的頂針？紙杯？玻璃杯？酒杯？水罐？水桶？浴缸？還是你有一條水管連接著這個富足的海洋？環顧四周並注意到，不論那裡有多少人、不論他們手裡拿著什麼樣的容器，這個海洋都足夠讓每個人取用，你不會去搶奪別人，別人也不會掠奪你。這裡的海水取之不盡、用之不竭，你手上的容器就是你的意識，而你可以隨時把它換成更大的容器。請經常做這個練習，以感受什麼叫作廣闊無盡與源源不絕。

張開雙臂接受一切美好與富足

我每天至少會這樣做一次：坐下來，將手臂往兩邊伸展，然後對自己說：「我敞開自己，並接受宇宙一切的美好與富足。」這樣做能給我一種開闊的感覺。

宇宙只會將存在我意識中的事物分配給我，而我永遠可以在自己的意識裡創造更多東西。它就像個宇宙銀行，我越覺察到自己的創造能力，我在宇宙銀行的「心靈存款」就會越來越多。靜心、各種療法和肯定句都是心靈存款，所以，就讓我們養成每天都存款到宇宙銀行的好習慣吧！

只是擁有更多金錢是不夠的，我們還必須懂得如何享用它。你是否允許自己使用金錢來獲得快樂？如果答案是否定的，原因何在？任何事物，你都可以接受它的某部分，而成為一種純然的樂趣。上個星期你有用錢讓自己開心一下嗎？為什麼不？是什麼樣的舊信念阻止了你？把它放下吧！

沒有必要讓金錢成為你生活中嚴肅的主題，其實說穿了，金錢不過是一種交換的工具。如果你根本不需要錢，那麼你會想做什麼、想擁有什麼？

我們必須擺脫自己的金錢概念。我發現，教導和性有關的課程，反而比教導金錢課程容易。當自己的金錢信念受到挑戰時，人們會暴跳如雷。尤其是那些為了渴望賺更多錢而來上課的人，當我嘗試改變他們的限制性信念時，他們簡直快瘋了。

「我願意改變。」「我願意放下舊有的負面信念。」有時候，我們得在這兩個肯定句上面下很大的工夫，以打開一個空間，然後才有辦法開始創造富足。

我們要捨棄「固定收入」的心態。堅持自己只能擁有特定的薪水或收入，會讓宇宙綁手綁腳。事實上，**那份薪水或收入只是個管道，而不是源頭**。宇宙才是你的供給來源。

管道的數量無限，我們必須對它們敞開，必須在意識層次上接受這件事：供給可能來自四面八方。因此，如果在路上撿到一個銅板，就對源頭說聲：「謝謝！」這也許只是個小數目，但新的管道卻因此打開了。

「我敞開自己，並接受增加收入的新途徑。」

「我現在就接受來自預期與非預期來源的一切美好事物。」

「我的生命不受局限，並以不設限的方式，接受來自無限源頭的一切。」

每個小小的新開始都值得高興

當我們為了增加財富而工作時，總會得到我們認為自己值得獲取的報酬。有個作家正為了增加收入而努力，她常常說的肯定句之一是：「我以作家的身分賺了很多錢。」三天後，她到自己經常吃早餐的咖啡館去，找了個位子坐下來，拿出稿紙準備開始寫作。此時，咖啡館的經理走過來問她：「你是個作家，對吧？你能不能幫我寫些東西？」接著，他拿來幾張空白的卡片，問她能否在每張卡片上寫下「火雞特餐，三．九五美元」，並請她吃了一頓免費的早餐作為答謝。

從這件小事就看得出來，她的意識已經開始轉變了，而她也繼續努力推銷自己的作品。

隨時隨地體認富足

開始隨時隨地都體認到富足，並樂在其中吧！紐約市著名的福音傳教士艾克牧師回憶說，當他還是個窮傳教士時，每次經過高級餐廳、豪宅、汽車公司和服飾店都會大聲地說：「這是給我的！這是給我的！」請讓那些漂亮的房子、銀行、精品店、各式櫥窗，甚至是遊艇，帶給你無比的快樂，並體認到這一切都是你的富足的一部分，而你正在擴增自己的意識來分享這些東西。如果看見穿著體面的人，你就要想：「他們過得如此富足不是很棒嗎？我們每個人都能富足有餘。」

我們不要別人的好東西，而是要擁有屬於自己的美好事物。

但事實上，我們並不擁有任何事物。所有的東西都只是暫時讓我們使用一段時間，然後就換主人了。即使有時候某樣東西可以在一個家族裡流傳好幾代，但它有一天還是會流落到別人手中。這是生命的自然韻律與流動。事物總是來來去去，而且我相信，某些東西之所以離開，其實是為了挪出空間，讓更美好的新事物進來。

優雅地接受讚美

許多人想要變得富有，卻不接受讚美。我認識許多新進演員，他們都想成為「明星」，然而受到讚美時，他們卻都畏畏縮縮的。

讚美是富足的禮物，要學會優雅地接受。我母親很早以前就教過我，被人讚美或收到禮物時，要微笑地說：「謝謝！」這個建議成為我一生的財富。

更棒的做法是：接受讚美，然後也讚美對方，這樣稱讚你的人就會覺得好像收到禮物一樣。這是讓美好事物不斷流動的一種方式。

每天早上能夠醒來，並開始體驗全新的一天，你要為這樣的富足感到喜悅。你要高興自己活著，高興自己擁有健康、朋友和創造力，也要高興自己成為活著的喜悅活生生的典範。請以最高的覺知來生活，並享受你的轉變過程吧！

在我無盡的生命中，一切都是完美、圓滿而完整的。
我與創造我的那股力量是一體的。
我完全敞開，並接受宇宙所賜的富足之流。
我所有的需求與渴望，在我提出要求之前甚至就已經被滿足了。
我被神引導著、保護著，並做出對自己有益的選擇。
我為別人的成功高興，因為我知道我們每個人都富足有餘。
我不斷擴大我的意識對富足的覺察，
而這反映在我不斷增加的收入上。
每個地方、每個人，都為我帶來美好的事物。
在我的生命中，一切都是美好的。

第十六章 身體

「我帶著愛聆聽身體發出的訊息。」

我相信，身體的「疾病」是我們創造出來的。身體和生命中的其他事物一樣，在在反映出我們內在的想法與信念。只要願意聆聽，你會發現身體無時無刻不在對你說話，而你體內的每個細胞都會回應你的每個想法，以及你說出的每一句話。

以同樣的模式思考或說話，時間一久，就會形成特定的身體姿勢和行為，並導致身體感覺舒服或不適。因此，一個老是緊繃著臉的人一定不是常常抱持著充滿愛與喜悅的想法，而老人的面貌和身體也會清楚顯示他們這一生的思維模式。那麼，你老的時候會是什麼樣子？

我在這一章列出了可能造成身體疾病的心理模式，雖然不是每個模式都百分之百符合每個人的真實狀況，但它卻提供了一個參考點，讓我們得以開始探索造成身體不適的原因。許多另類療法的治療師經常利用第十六、十七章提到的概念為人治療，並發現這些心理因素有百分之九十至九十五的正確性。

頭部代表我們整個人。它是我們呈現在世人面前的樣貌，也是別人辨識我們的依據。頭部出現問題時，通常表示我們覺得自己有某些地方非常不對勁。

頭髮代表力量。緊張害怕時，我們的肩膀肌肉到頭頂之間往往會形成鋼鐵般的緊箍，有時甚至會延伸到眼睛周圍。髮幹是由毛囊製造出來的，當頭皮非常緊繃時，髮幹會因受到擠壓而使頭髮無法呼吸，造成頭髮壞死、脫落。如果緊繃的狀態一直持續，頭皮無法放鬆，毛囊也會持續緊閉著，新頭髮便長不出來，結果就造成了禿頭。

自從女人開始投入商業世界之後，緊張與挫折感也使女性的禿髮現象增加。由於女性的假髮既自然又好看，所以我們不太察覺得出來某一位女士是不是禿頭。不過，男性可就沒那麼幸運了，大多數男人的假髮在一定距離內還是看得出來。

緊張不代表有力量，而是一種脆弱的表現。真正有力量、真正感到安全的人，是放鬆、歸於中心又平靜的。身體越放鬆越好，另外，許多人也得放鬆自己的頭皮。

現在就試試看吧。叫你的頭皮放鬆，感覺一下有什麼不同。如果你發現頭皮真的明顯地放鬆了，那麼我建議你要常常做這個小練習。

耳朵代表聽的能力。耳朵出問題時，往往意味著有某些事情是你不想聽到的，而耳朵痛則表示你對所聽到的事感到憤怒。

小孩子普遍都會耳朵痛。他們在家裡常常必須去聽那些他們根本不想聽的事情，但一般家庭的規矩都是禁止孩子表達憤怒的，於是，孩子便因為無力改變事情而產生耳朵痛的情形。

耳聾表示長期不想聽某人說話。你不妨觀察一下，聽力不好的人，他們的另一半往往都是話講個不停、喋喋不休。

眼睛代表看的能力。眼睛出毛病，往往表示有些事情是我們不想去看的，這些事若不是跟我們自己，不然就是跟過去、現在或未來的生活有關。

每次看見小小年紀便戴上眼鏡的孩子，我就知道他們家裡一定有某些事情是他們不想看見的。如果他們無法改變那些經驗，就會讓視力渙散，好讓自己不必看得那麼清楚。

當他們願意回到過去，清除開始戴眼鏡前一、兩年所不願面對的事情時，許多人都體驗到戲劇化的療癒效果。

你否認此刻正在發生的事情嗎？你不想面對的是什麼？你害怕正視現在或未來嗎？如果恢復清晰的視力，你會看見哪些你現在看不到的事物？你能看見你現在正在對自己做什麼嗎？

問自己這些問題會很有意思。

頭痛是因否定自己而起。下次頭痛時，請停下來自問：「我到底認為自己哪裡錯了？怎麼個錯法？」然後原諒自己，放下它，那麼頭痛就會自行消失。

偏頭痛則是因為想要達到完美，或是給自己太多壓力，其中還包括許多壓抑的憤怒。有趣的是，一感受到偏頭痛的狀況出現，如果立刻自慰，症狀幾乎都可以減輕，因為性方面的解放可以消除緊張與疼痛。當然，你那個時候可能不想自慰，但不妨一試，反正你也不會有什麼損失。

鼻竇問題（出現在臉部非常靠近鼻子的地方）代表某個親近的人激怒了你，你甚至可能覺得對方在壓迫你。

我們忘了所有的狀況其實都是我們自己創造出來的，於是把挫折歸咎於他人，因而交出了自己的力量。事實上，沒有任何人、事、地、物能夠影響我們，因為可以主宰我們內心想法的，唯有我們自己。我們創造了自己的經驗、實相及其中的每一個人，而當我們在心中創造平靜、和諧與平衡時，自然也會在自己的生活中發現這些事物。

頸部和喉嚨很有意思，因為許多事情在那裡發生。頸部代表我們的思考方式有多少彈性、能否看見問題的另一面、能否了解別人的觀點。當脖子出問題時，通常表示我們對於某個狀況的想法太過固執。

每次看到戴頸飾的人，我就知道，這個人一定非常自以為是又固執，無法從另一個角度看問題。

家族治療大師維琴尼亞・薩提爾說，她做過一項「愚蠢的研究」之後發現，根據洗的人和使用的清潔工具不同，洗碗的方法可以有二百五十種以上。如果我們固執地認為只有「一種方法」或「一種觀點」，就會封閉了自己生命大半的可能性。

喉嚨代表我們「為自己發聲」「要求自己想要的事物」及「肯定自己」的能力。喉嚨出現問題時，通常表示我們覺得自己沒有權利去做這些事、沒有資格維護自己。

喉嚨痛往往就是一種憤怒，如果再加上感冒，就是有心理上的困擾。**喉頭發炎**通常表示你已經氣到說不出話來。

喉嚨也代表體內的創造之流，它是我們表達創造力的地方。當創造力被扼殺或阻撓時，往往就會出現喉嚨方面的毛病。我們都認識許多終其一生為別人而活的人，他們不曾做過自己真正想做的事，而一直在討好父母、伴侶或上司。**扁桃腺炎**和**甲狀腺問題**都是因為無法做自己想做的事、創造力受挫而引起的。

位於喉嚨的能量中心——也就是第五脈輪——是改變發生之處。當我們抗拒轉變、正在轉變，或者試圖改變自己時，喉嚨部位通常會產生許多反應。當你發現自己或別人咳嗽時，請留意一下：剛剛是說了什麼話？我們是對什麼起了反應？是抗拒和固執不通，或是正在發生的改變過程？帶領工作坊時，我常常把咳嗽當作一種自我探索的工具。每當有人咳嗽時，我都會請那個人摸著自己的喉嚨，並大聲說出：「我願意改變！」或「我正在改變！」

手臂代表擁抱生命經驗的能力和接受力——上臂與接受力有關，下臂則關係到能力。我們將過往的情緒儲藏在關節裡，手肘則代表我們改變方向的靈活性。你有改變生活方向的彈性嗎？或者，你一直都讓過去的情緒將你困在同一個地方？

雙手能抓住、執持及緊握住東西。有時候，我們會鬆「手」；有時候，我們則緊「握」太久。我們可能雙「手」靈巧、把錢「捏」得死死的、出「手」大方、一毛不「拔」或笨「手」笨腳。我們能「捨」物與人；我們能「掌控」自己，或者似乎不能「掌握」任何事物。

我們替某樣東西裝上「把手」。我們認為某事輕而易「舉」、不願「插手」管某事、某人總喜歡偷雞「摸」狗。我們說伸出援「手」、心「手」相連、某樣東西就在「手」邊、某事難以「控制」、人「手」過多或人「手」不夠。我們說，我有了幫「手」。

手可能很細緻，也可能很粗糙，因為想太多而出現指節異常現象，或是因慣性的批評而造成指關節炎。緊握的雙手源自內在的恐懼：害怕失去、害怕不足、害怕一鬆手就留不住。

緊抓著一段關係不放，只會讓對方拚命地想逃。雙手緊握就無法容納新事物。將手腕放鬆、甩甩手，這個動作能讓人覺得輕鬆、開闊。

真正屬於你的東西，誰也拿不走。所以，放輕鬆點吧！

每一根**手指**都有其意義，某根指頭出問題，代表你有某個地方需要放鬆、放下，例如不小心割傷食指，也許表示你的自我對目前的某個情境感到憤怒或恐懼。

拇指是屬於心智層面的，代表憂慮；食指代表自我與恐懼；中指與性和憤怒有關，生氣時就握住中指，看著怒氣漸漸消失（對男人生氣，就握住右手中指；對女人生氣，就握住左手中指）；無名指代表結合與悲傷；小指則與家庭和偽裝有關。

背部代表我們的支持系統。背部出毛病，通常表示我們覺得自己沒有受到支持。我們總以為支持自己的只有工作、家庭或伴侶，事實上，我們一直被宇宙、被生命本身全力支持著。

上背部與覺得缺乏情感支持有關。例如，我覺得丈夫／妻子／情人／朋友／上司不了解我或不支持我。

中背部與內疚及「隱藏在背後的一切」有關。你是否害怕正視背後的事物，或者，你正在隱藏背後的一切？你覺得有人在背後捅你一刀嗎？

你是否感到筋疲力盡？你的財務狀況是否一團糟，或者是你過度擔心了？如果是的話，你的下背部可能就會出毛病。這無關乎你有多少錢，而是與你對金錢的匱乏感或恐懼有關。

許多人都以為金錢是生活中最重要的東西，沒有錢，我們就無法生存。事實上，還有遠比金錢更重要、更珍貴的事物，沒有它，所有人都活不下去。那是什麼呢？是我們的呼吸。

呼吸是生命中最珍貴的東西，我們卻理所當然地認為呼出這口氣之後，還會有下一口氣在。事實上，只要下一口氣接不上來，三分鐘後，我們的生命就結束了。既然當初創造我們的那股力量賜給我們足夠的呼吸以維持生命，我們何不信任它也會提供我們需要的其他一切事物呢？

肺部代表我們接納及付出生命的能力。肺部出問題往往表示我們害怕接受人生，或是覺得自己沒有權利活出完整的生命。

傳統上，女性都不敢用力呼吸，總覺得自己是次等公民，沒有權利占一席之地，有時甚至覺得自己沒有生存權。然而，現在時代不同了，女性完全成為社會的一分子，在各個領域都占有一席之地，而開始揚眉「吐氣」了。

我很高興看到女性在運動方面的表現。過去的社會中，女人通常只在田裡勞動，現在可以看到女性優美的身軀在運動場上大放異彩，實在太棒了！

肺氣腫和**嚴重的菸癮**都是否定生命的表現，人們藉此隱藏覺得自己完全沒有生存價值的深刻感受。責罵自己是無法改變抽菸習慣的，你必須先改變自己的根本信念。

乳房代表母性原則。乳房出現毛病，通常表示我們對於某人、某地、某事或某個經驗過度干預、關注太多。

在扮演母親的過程中，有一件事很重要，就是要允許孩子「長大」。我們必須知道何時該放手、何時該放下對孩子的約束，讓他們做自己。過度保護會讓他人無法準備好為自己的人生負責；有時候，過度承擔責任的態度反而會使別人無法從生活情境中獲得成長的養分。

如果罹患**乳癌**，表示心中有很深的怨恨。此時就要放下恐懼，並且明白：我們每個人之內，都存在著宇宙的智慧。

心臟當然代表愛，血液則代表喜悅；換句話說，心臟用愛將喜悅打出去，讓它在全身運行，周流不息。當我們拒絕給予自己愛與喜悅時，心臟就會萎縮而變冷，血液的流動也會因此變慢，漸漸造成**貧血**、**心絞痛**和**心臟病發作**。

其實，心臟並不會對我們「發作」。我們過於沉溺在自己營造的人生戲碼中，因而常常忽略周遭小小的喜悅。如此一來，就算花好幾年的時間想從自己的心把喜悅統統擠出來，結果還是落入痛苦的下場。心臟病患者都不是快樂的人，倘若他們不花一些時間欣賞生命的喜悅，心臟病遲早會再發作一次。

美善的心、冷漠的心、敞開的心、邪惡的心、充滿愛的心、溫暖的心……你的心是哪一種？

胃部消化我們所有的新想法與新經驗。有什麼人事物是你無法「消化」、無法接受的？什麼事情讓你牽腸掛肚、難以釋懷？

胃部出問題，通常表示我們不知道如何消化、吸收新的經驗，而覺得害怕。許多人一定還記得，當初商務客機剛普及時，很難想像人類竟然可以坐在一個金屬艙裡，安全地在空中穿梭。那時的人發現自己很難接受這個新想法。

當時，每個機艙座位都會備有一個嘔吐袋，而且大部分人都會用到它。多年後的今天，儘管每個位子還是備有嘔吐袋，但已經很少人會用到了，因為我們已經接受了空中飛行的概念。

潰瘍不過是恐懼，一種覺得「自己不夠好」的巨大恐懼。我們害怕自己扮演不好父母的角色，害怕自己不配當老闆。由於無法接受真正的自己，我們只好「撕裂肝腸」（潰瘍）來討別人的歡心；不論多麼位高權重，我們內在的自我價值感還是非常低落，而且很害怕別人會發現我們的本來面目。

生殖器代表女人最陰柔的部分（她的女性特質），或是男人最陽剛的部分（他的男子氣概），亦即我們的陽性原則或陰性原則。

當我們對自己的性別感到不自在、認為性欲和身體是骯髒或罪惡的，往往就會出現生殖器方面的問題。

我很少遇見有人是來自一個會用正確的名字稱呼生殖器及其功能的家庭。在我們成長的過程中，幾乎都是用委婉的字眼來稱呼生殖器。還記得你們家是怎麼說的嗎？你們可能會婉轉地用「下面那裡」來稱呼它，這讓你覺得自己的生殖器官骯髒又噁心。是的，我們在成長的過程中一直都認為兩腿中間的那個東西「不太對勁」。

我認為就某方面來說，一九六〇年代爆發的那場「性革命」是一件好事，因為它讓我們擺脫了維多利亞時代的虛偽作風。突然間，人們可以有許多性伴侶，女人也和男人一樣，可以體驗所謂的「一夜情」，而換夫換妻這種事也變得更為公開。許多人都以一種全新的開放心態，開始去享受身體帶來的愉悅和自由。

然而，我們很少人會想到去面對自我溝通學院創辦人羅莎．拉蒙特所說的「媽媽的神」。三歲時，你母親教導你的有關神的一切，至今仍存留在你的潛意識裡，除非你能有意識地努力將它們釋放。母親告訴你的那個神，是個會生氣、會報復的神嗎？祂對性有什麼看法？倘若一直背負著早期那些對自己的性欲及身體的罪惡感，我們勢必會想懲罰自己。

膀胱、肛門、攝護腺和陰莖的問題，以及陰道炎，都發生在身體的同一個區域。這些毛病都因為我們對身體及其正常功能的扭曲想法而起。

我們身體的每個器官各以其特殊功能展現出生命的偉大，既然我們不認為肝臟或眼睛是骯髒的、罪惡的，那為什麼要選擇相信生殖器是骯髒的、罪惡的？

肛門和耳朵一樣美。沒有肛門，就無法排出身體不需要的東西，我們也會因此迅速死亡。身體的每個部位和功能，都是完美、正常、自然又美麗的。

對於那些帶著性方面的問題來找我的人，我會要求他們開始學習用愛去和自己的直腸、陰莖或陰道相處，欣賞它們的美及功能。讀到這裡，如果你開始覺得畏縮或憤怒，就問問自己原因何在。過去是誰告訴你要否定自己身體的某個部分的？一定不是神，因為性器官是神創造給我們、要讓我們獲得最大愉悅的身體部位。否認這一點，等於是在創造痛苦和懲罰。因此，性不但沒有問題，而且是令人愉悅又美好的。做愛就像呼吸或吃東西一樣正常。

試著想像一下宇宙的浩瀚無盡。它大得遠超乎我們的想像，即使最頂尖的科學家利用最先進的科技設備，也無法量出宇宙有多大。

這個宇宙中有許多星系，其中一個位處偏遠角落的小小星系裡有一顆小小的恆星。這個恆星周圍有一些芝麻綠豆一樣小的東西繞著它轉，其中一個就叫地球。

我實在很難相信，創造出整個宇宙的那個廣大而驚人的無上智慧，竟然只是個坐在地球上方的雲端裡、一直注意著我的生殖器官的老公公！

然而，我們許多人從小就被灌輸這樣的概念。

因此，捨棄那些愚蠢又過時的想法是極為重要的，因為它們無法支持、滋養我們。我甚至強烈地覺得，我們感受到的神必須是一個支持我們、而非與我們作對的神。世上有許多不同的宗教可供選擇，假如你現在信仰的宗教告訴你，你是個罪人、宛若一隻卑微的蟲子，那麼，就換個宗教吧！

我並不是在倡導隨隨便便的性關係。我的意思是，某些成規是毫無道理的，這也是為何有這麼多人守不住這些規矩，結果淪為表裡不一的偽君子。

當我們去除了人們對性的罪惡感，並教導他們愛自己、尊重自己之後，人們自然會用對自己最好、讓自己最愉悅的方式，來對待自己和他人。當今社會之所以出現這麼多和性有關的問題，正是因為許多人憎恨自己、討厭自己，於是他們也以這種方式對待自己和他人。

在學校只教導孩子性知識是不夠的，我們必須更深入地讓孩子了解並記住：他們的身體、生殖器和性欲都是值得喜悅的。我真的相信，愛自己和自己身體的人，絕不會虐待自己或別人。

我發現，**膀胱**出問題，大部分是因為有人惹惱我們，而這個人往往是我們的另一半，亦即男女特質之間的差異所造成的憤怒。女性比男性更常出現膀胱的毛病，因為她們較容易隱藏自己所受到的傷害。**陰道炎**通常與在感情上被伴侶傷害有關。男性的**攝護腺**問題則與自我價值有很大的關連，他們相信隨著年歲增長，自己越來越不像個男人。**性無能**加深了恐懼，有時甚至與自己對前任配偶的怨恨有關。**性冷感**則是因為恐懼，或是相信喜愛身體是不對的而引起；另外，它也可能源於自我厭惡，如果遇到感覺遲鈍的伴侶，這種感受會變得更嚴重。

隨著媒體廣告增加，**經前症候群**幾乎成為一種潮流。這些廣告不斷灌輸人們一種觀念：女性的身體必須利用噴香水、抹粉、沖洗和徹底清潔等各種方法，才能勉強讓人接受。在追求男女平等的同時，女性的各種生理過程也被質疑為她們無法與男性平起平坐的原因。加上現代人對糖分的大量攝取，更為經前症候群打造了有利的環境。

女性所有的生理過程（包括月經和更年期）都是既正常又自然，我們必須如實接受，因為我們的身體是美麗、動人而美妙的。

我相信，**性病**幾乎都是因為對性懷有罪惡感引起的，那往往是一種藏在潛意識裡的感覺，認為表現性欲是不對的。性病帶原者可能有好幾個性伴侶，但只有那些心理及身體免疫系統較弱的人才會被感染。此外，近年來在異性戀人士中，**疱疹**的發生率一直在增加，那是一種會因為我們相信「自己不好」，而一再回來「懲罰我們」的疾病。疱疹很容易在情緒低落時突然來襲，正是這個原因。

現在，讓我們以同樣的理論來看同性戀者。他們除了面臨一般人會有的問題之外，還必須承受社會的指指點點，說他們「很壞」，而這些人的父母通常也會說他們是「壞孩子」。這是相當沉重的負擔，在這種情況下，人很難愛自己。所以，同性戀者會罹患駭人聽聞的愛滋病，也就不足為奇了。

在異性戀的社會，許多女人聞老色變，因為我們的信念系統都圍繞在「年輕萬歲」這件事情上。男人就比較沒這方面的困擾，出現些微白髮是一種高雅的象徵，上了年紀的男人反而受到更多尊敬和景仰。

然而，對大多數同性戀男子來說，情況就不是如此了，因為他們已經建立一種大肆強調年輕與俊美的文化。就算每個人都很年輕，但能符合俊美標準的卻寥寥無幾。他們如此強調身體外表的重要，以致完全無視內在的情感。因此，如果你既不年輕又不貌美，那麼你幾乎毫無價值。他們認為人不重要，身體才算數。

對整個文化而言，這種想法是一種恥辱。它無異是在說：「同性戀者不夠好。」

由於同性戀者是這樣對待彼此的，使得許多同性戀男子覺得變老很可怕，與其變老還不如去死，而愛滋病就是能致人於死的疾病。

同性戀男子往往覺得一變老就會成為沒人要的廢物，還不如先毀掉自己，因此許多人就創造了毀滅性的生活方式。他們的一些生活觀念和態度是很怪異的，例如把彼此當作掛在架子上待挑的肉、不斷地批判、拒絕與人親近等等，而愛滋病本身就是一種很怪異的疾病。

不論擁有多少「同性戀關係」，這些態度和行為模式只會造成深層的罪惡感。同性戀關係或許讓人很快樂，但它對雙方而言也可能極具毀滅性，因為它是逃避親密關係的另一種方式。

我無意引起任何人的罪惡感，但為了讓每個人的生命都充滿愛、喜悅和尊重，我們必須去檢視那些需要改變的部分。幾十年前，幾乎所有同性戀男子都是祕而不宣地暗通款曲，而現在他們已經在這個社會有了一小塊立足之地，在那裡他們至少可以比較公開。但不幸的是，我認為他們創造的許多價值觀卻為其他同性戀弟兄帶來極大的痛苦。儘管一般人對待同性戀的方式令人難過，但許多同性戀者對待其他同性戀的方式，卻更像一齣悲劇。

傳統上，男人總是比女人有更多性伴侶，當男人們聚在一起時，勢必會有更多性行為，這是可以理解的。除非是為了錯誤的理由使用自己的性欲，否則澡堂就能滿足這樣的需求。有些男人喜歡擁有許多性伴侶，只為了滿足內心對自尊的深層需要，而不是為了享受性愛。我不認為擁有好幾個性伴侶是不對的，而且偶爾喝個酒或使用某些助興藥物也無可厚非。然而，如果夜夜瘋狂地做愛，或是一天需要好幾個性伴侶來證明自我價值，那就不是在滋養自己的生命了。此時，我們在心理上必須有一些改變。

現在是該進行療癒、重歸完整的時候，而不是譴責自己。我們必須擺脫過去的限制。每個人都是生命神聖而偉大的展現，讓我們現在就主張這件事吧！

結腸代表放下的能力，釋放那些不再需要的事物。為了讓生命保持完美的韻律及流動，身體的攝取、吸收和排泄功能之間必須維持平衡。只有恐懼會阻礙我們放下舊事物。

即使便祕的人也不是真的很吝嗇，他們通常只是不相信自己不虞匱乏。因此，即使舊關係帶來痛苦，他們還是緊抓著不放；舊衣服堆在櫥櫃裡好幾年也不敢丟，因為他們覺得有一天可能用得上；他們一直做著令人窒息的工作，或者從來不給自己任何娛樂或消遣，因為他們覺得應該未雨綢繆。我們不會在昨晚的垃圾裡尋找今天的食物，所以要學會信任生命的過程，相信它永遠會為你帶來你所需的一切。

雙腿帶著我們在生命中前進。腿部發生問題，通常表示害怕向前走，或是不願意往某個方向前進。我們用腿跑步、拖著腳步或躡手躡腳地走路；有的人膝蓋內彎、內八字腳；有的人大腿又大又粗、充滿來自童年的怨恨。另外，不想做事往往也會造成輕微的腿部問題。**靜脈曲張**則代表處在一個討厭的工作或職位中，靜脈因此失去運送喜悅的能力。

你現在走的是自己想要的方向嗎？

膝蓋和頸部一樣，都與靈活性有關，只不過膝蓋表現的是我們的順從與自負、自我與固執。通常生命要往前邁進時，我們會害怕順從，而固執不屈，這使得膝蓋變得很僵硬。我們雖然想往前邁進，卻不想改變自己，這正是為何膝蓋的傷要花很長的時間才能痊癒，因為我們的自我、自負和自以為是的想法牽涉其中。

下次膝蓋出問題時，請問問自己：「我有哪些自以為是的想法？我在哪些地方拒絕順從？」放下自己的固執，讓它走吧！生命是流動的、是變遷不息的，想要活得自在，就得具備隨順生命的彈性，就像垂柳一樣隨風搖曳，永遠生活得優雅又自在。

足部與理解有關，亦即我們對自己，以及對過去、現在和未來的人生的理解。

許多老年人走起路來很困難，那是因為他們有了錯誤的理解，總覺得自己無處可去。小孩子走路總是手舞足蹈、活蹦亂跳的，而年紀大的人往往拖著腳走路，彷彿很不情願移動。

皮膚代表我們的個體性。皮膚出現問題，通常表示我們覺得自己的個體性受到威脅，感覺別人在掌控我們。我們會說自己很敏感（thin-skinned）、容易被激怒（things tend to get under our skin）、感覺被活生生剝了一層皮（skinned alive）。事實上，我們的神經就在皮膚下面。

治癒皮膚問題最快的方法，就是藉由每天在心中說上幾百次「我肯定我自己」，來滋養自己。請把你的力量拿回來。

意外事故其實並不是意外，它們就像生命中的其他事物一樣，都是我們自己創造出來的。並不是一定要說出「我希望遭遇意外事故」才會發生意外，只要有了這樣的思維模式，就會將意外事件吸引過來。這就是為什麼有些人似乎經常發生意外，有些人終其一生卻連個小擦傷也沒有過。

意外事故是憤怒的表達，它是在表現一個人無法隨心所欲為自己發聲而造成的挫折感。意外事故也表示對權威的反抗。我們被逼到抓狂，想要打人出氣，結果，挨打的反而是我們。

當我們生自己的氣、覺得內疚，或是覺得需要被懲罰時，意外事故就會讓我們如願以償。

每件意外事故看起來好像都不是我們的錯，我們不過是命運突然轉變之下的無助受害者。但實際上，我們是想透過意外來博取其他人的同情和關注，因為別人會為我們上藥，我們會受到照顧。遭遇意外之後，我們通常會臥床養傷，有時還得休養一段時間。不過，這是以皮肉之痛換來的。

值得注意的是，身體疼痛的地方提供了線索，讓我們知道自己對生命中的哪個領域懷有罪惡感。而肉體受傷害的程度也顯示出，我們覺得自己需要受到多嚴重的懲罰、刑期又該多長才夠。

厭食症和**暴食症**是在否定自己的生命，是自我憎恨的一種極端形式。

食物是最基本的滋養，那麼，你為何拒絕給自己滋養？你為什麼想死？你生命中到底發生什麼可怕的事，讓你想逃離這一切？

事實上，自我憎恨只是因為你討厭你對自己的某個想法所致，而想法是可以改變的。

你到底有什麼地方那麼糟糕？你是不是生長在一個吹毛求疵的家庭？你的老師是否很愛挑剔你？你小時候接受的宗教教育是不是跟你說你不夠好？其實，我們往往會找一大堆理由來證明自己是不被愛、不被接納的。

由於流行時尚產業對苗條身材的執迷，使得身體成為許多女性自我憎恨的焦點。她們認為：「沒有好身材，我就是不夠好，就算其他方面不錯，又有什麼用？」然後她們會說：「只要我夠瘦，別人就會愛我。」事實上，這招是不管用的。外在的改變沒有用，自我肯定與自我接納才是關鍵。

關節炎這種毛病是由某種持續批判的模式引起的。首先是自我批判，再來是批判他人。關節炎患者往往會引來許多批判，因為批判正是他們的模式。他們彷彿被「完美主義」詛咒了，在任何時刻、任何情況下都要求完美。但在這個世界上，你知道有誰是「完美」的嗎？我可不知道。既然如此，我們為什麼要設下標準，要求自己成為「超完美的人」，只為了讓別人接納自己？這真是一種「我不夠好」的強烈表現，同時也是一份無比沉重的負擔。

我們稱**氣喘病**為「令人窒息的愛」，那是一種你沒有權利為自己呼吸的感覺。罹患氣喘病的小孩通常都有「過度發達的意識」，會為周遭看起來有錯的一切事物承擔罪過，認為都是自己的錯。他們覺得自己「沒有價值」，因而深感內疚，所以會尋求自我懲罰。

環境轉移療法（geographic cure）有時對於治療氣喘病很有效，尤其當患者的家人沒有跟著一起來的時候。

有氣喘病的小孩通常長大之後就會痊癒，這表示他們到外地求學、結婚或離開家裡後，疾病就消失了。不過在往後的人生裡，如果某事觸動了他們內在的「舊按鈕」，氣喘就會再度發作。當這種情形發生時，他們其實是對童年發生的事情起反應，而不是當下的情境。

癤子、**燙傷**、**刀傷**、**發燒**、**瘡**、**發炎及各種炎症**，都是憤怒在身體上的展現，而且不論我們多麼努力壓抑，憤怒都會找到方法表現出來，因為累積的情緒壓力非釋放不可。平常我們不敢表現憤怒，深恐會毀掉既有的一切，但其實只要簡單說出「我對這件事感到生氣」，憤怒就可以獲得釋放。不過話說回來，我們確實也不能老對上司說這種話，但我們可以搥打床鋪、在車子裡尖叫或打網球洩憤，這些都是讓身體釋放憤怒的無害方式。

靈修的人往往覺得自己「不應該」生氣。的確，這是我們努力的目標，希望有朝一日能達到不把自己的感覺怪罪於他人的境界。但在到達這樣的境界之前，承認自己當下的感受會是比較健康的做法。

長期抱著深沉的怨恨會引發**癌症**，直到整個身體都被癌細胞侵蝕掉。童年發生的某件事破壞了我們對生命的信任感，而我們一直忘不掉那個經驗，便帶著一種自憐的感覺過活，最後發現自己很難發展出長久且有意義的關係。因為這樣的信念系統，生命似乎變成一連串的失望，腦海中的想法也充滿了絕望、無助和失落感，於是我們變得很容易將自己所有的問題都怪罪到別人身上。

另外，罹患癌症的人也很容易批判自己。我認為，學習去愛、去接納自己，才是治癒癌症的關鍵。

體重過重代表需要被保護。我們為了避開傷害、輕蔑、批判、虐待、性行為及性騷擾，或是為了避免對生命的恐懼，而尋求保護。

我的身材並不算胖，但經過這些年，我發現每當我覺得不安全、不自在時，體重就會增加；一旦那個威脅解除了，多出來的體重也會自行消失。

因此，與肥胖抗爭不過是在浪費時間和精力。節食沒有用，因為一旦不再控制飲食，體重馬上又會回升。正確的方法是愛自己、肯定自己，信任生命的過程，並且要覺得自己很安全，因為你知道你心智的力量會打造出最好的飲食計畫。只要節制負面思想（沒錯，你要節制的是負面思想，而不是飲食），你的體重自然會為它自己負責。

另外，有太多父母一碰到小嬰兒有狀況，就硬把食物塞進孩子嘴裡，也不管孩子的問題是什麼。這些小孩長大之後，一遇到問題就會想打開冰箱吃東西，然後說：「我不知道自己想要什麼。」

我認為，任何**疼痛**都意味著內疚，因為內疚會讓人尋求懲罰，而懲罰會產生疼痛。慢性疼痛來自長時間的內疚，而且這種內疚通常埋得很深，我們甚至無法察覺它的存在。

內疚的情緒一無是處，既不會讓人感覺更好，也無法改善任何狀況。你的「刑期」現在已經結束了，走出自己的心牢吧！所謂的寬恕，不過就是放下一切、釋放一切。

中風是血凝結成塊，造成腦部的血流阻塞，血液無法運送到腦部。

人腦是身體的電腦，血液代表喜悅，靜脈和動脈則是輸送喜悅的通道。萬事萬物都在愛的行動及法則之下運作。愛存在宇宙中的每一份智慧裡，一旦少了愛與喜悅的體驗，萬事萬物就無法順利運作及發揮功能。

負面思維會造成腦部的阻塞，使得愛與喜悅無法順暢流動。

如果不能容許某些自由和愚蠢，歡笑就無法流動；愛與喜悅也是如此。生命並不冷酷、並不可怕，除非我們要它變成那樣，除非我們選擇以那樣的眼光看待它。事實上，我們能在最微不足道的混亂中看見大災難，也可以在最大的悲劇中發現喜悅，這一切完全操之在己。

有時候，當自己人生發展的結果不符合我們最大的利益時，我們會迫使它往另一條路走。同樣地，有時我們會透過中風這件事強迫自己往完全不同的方向前進，以重新評估自己的生活方式。

身體的**僵硬**代表心智的僵化。恐懼讓我們抓住舊方法不放，很難有所變通。一旦相信「只有一種做法」，身體往往就會變得很僵硬。事實上，我們永遠可以找到其他做法。還記得前面提到的薩提爾女士和她說的話吧？連洗碗的方法都有二百五十種以上呢！

留意自己身上有哪些地方很僵硬，然後對照下一章的身心療癒表，你就會知道你的心智之中有哪些部分已經僵化了。

外科手術有其重要性。遇到骨折、意外事故或初學者無法解決的狀況時，外科手術是有幫助的。在這些情況下，動手術也許是更簡單的方法，因為如此一來，你就可以把全部的注意力放在觀想上面，想像這些狀況不再發生。

每天都有越來越多傑出的醫療專業人才出現，真誠地貢獻一己之力，想要幫助人類。此外，也有越來越多醫生轉而採用整體醫學的方法，不再處理單一症狀，而是針對整個人的身心靈進行治療。但大多數的醫生還是不從疾病的「因」下手，而只治療外在的症狀，亦即「果」的部分。

他們用兩種方式來處理症狀：抑制或切除。外科醫生本來就是專門負責切除的，所以如果你去看外科醫生，他們通常會建議你開刀。然而，一旦決定動手術，就要為這次的經驗做好準備，好讓手術可以順利進行，身體也能盡快復元。

你可以要求醫生及相關醫護人員跟你配合。手術房裡的工作人員往往不知道，即使病患已經失去意識，但在潛意識層次上，他或她還是聽得見周遭的人所說的每一句話。

我聽一位新時代運動領袖說過，有一次她必須緊急動手術，在手術之前，她請求醫生和麻醉師在開刀的過程中播放柔和的音樂，並希望他們不斷對她、對彼此說正面肯定句，包括恢復室裡的護理人員也被要求這樣做。結果，手術非常順利，她也舒舒服服地很快就復元了。

如果有人要動手術，我經常建議他們肯定地告訴自己：「醫院裡碰觸我的每一隻手，都是表達愛的療癒之手。」「手術進行得很快、很順利、很圓滿。」「無論何時，我都完全舒服自在。」

動完手術之後，盡可能聽一些柔和且讓人愉快的音樂，並肯定地告訴自己：「我復元得很快、很舒服、很完美。」「我每天都覺得越來越好。」

如果可以，為自己錄製一系列的正面肯定句，然後帶到醫院去，在休養期間反覆聆聽。把注意力放在身心的感受，而不是疼痛上面。想像愛從你的心流出來，往下經過你的臂膀，流到你的雙手，然後將手放在康復中的部位上，告訴它：「我愛你。此刻，我正在幫助你恢復健康。」

身體的**腫塊**代表堵塞及停滯在情緒化的想法中。我們自己創造了「受傷」的情境，並緊抓著這些記憶不放。腫塊往往代表壓抑的眼淚、覺得自己被困住而動彈不得，或是將自己受到的限制怪罪到他人身上。

釋放過去，讓它被沖走吧。取回自己的力量，別一天到晚想著那些你不想要的事物，要運用你的心智來創造自己真正想要的。讓自己隨著生命的潮汐流動吧！

腫瘤則是一種錯誤的生長物。一粒沙子跑進牡蠣殼裡，牡蠣為了保護自己，就會長出閃亮亮的硬殼將這粒沙子包覆起來，於是形成所謂的珍珠，而我們認為珍珠很美。

同樣地，我們懷抱舊有的創傷，悉心照料它，並不斷去摳弄傷口上的痂。結果時間一久，就形成了腫瘤。

我把這種狀況稱為「舊片重映」。我相信，女性的子宮部位之所以會有這麼多腫瘤，是因為她們抱著某種情緒上的創傷，某種對她們女性特質的重大打擊，並且懷恨在心。我稱之為「都是他害我的」症候群。

其實，一段關係的結束，並不表示我們有什麼問題，也不會減損我們的自我價值。

重點不在於發生什麼事，而是我們對這件事的反應如何。每個人都必須為自己所有的生命經驗負責，為了吸引更多充滿愛的行為，你必須改變你對自己的哪些看法或信念？

在我無盡的生命中，一切都是完美、圓滿而完整的。
我承認身體是我的好朋友，
我身上的每個細胞都具備神性智慧。
我傾聽它的話語，知道聽它的忠告絕不會錯。
我永遠是安全的，並受到神的保護與指引。
我選擇健康與自由。
在我的生命中，一切都是美好的。

第十七章 身心療癒表

「我是健康、圓滿和完整的。」

我在這一章的「身心療癒表」裡列出了可能造成疾病的各種心理模式，以及用來創造健康身體的新思維模式或肯定句。在瀏覽這張表的時候，請看看你能否在自己過去或現有的疾病中，找到它們與我列出的可能原因之間的關連。

當身體出問題時，你可以如此善用這張表：

1.查看表中列出的可能原因，看看是否符合你的真實情形。如果不符合，就安靜地坐下來問問自己：「我內在到底有什麼樣的想法，才造成身體出現這種狀況？」

2.反覆對自己說：「我願意放下我意識中造成這種狀況的模式。」

3.反覆對自己說幾次和你的狀況對應的肯定句（即「新的思維模式」那一列）。

4.假定自己已經在療癒的過程中了。

每當你想到自己身體出現的這個狀況，就重複做這四個步驟。

造成疾病的心理模式其實只有兩種：恐懼和憤怒。憤怒可能表現為不耐煩、惱怒、挫折、批判、怨恨、嫉妒或悲痛，這些想法全都會毒害身體，但只要放下憤怒的重擔，身體所有的器官就會開始恢復正常機能。恐懼則可能表現為緊張、焦慮、神經質、憂慮、懷疑、不安、覺得自己不夠好或沒有價值。你有以上這些狀況嗎？如果想要療癒自己，就必須學會以信任取代恐懼。

信任什麼呢？信任生命。我相信，我們是活在一個永遠說「好」的宇宙中。不論我們選擇什麼樣的信念或想法，宇宙永遠對我們說「好」。如果我們想的是貧窮，宇宙就會回應這個想法，對它說「好」；假如我們想的是富足，宇宙也會以「好」來回應這個念頭。因此，我們要去想、去相信：「我們擁有健康的權利，健康是我們的本然狀態。」那麼，宇宙就會支持這個信念，對它說「好」。

如果發現你的疾病或不適未被列入這張身心療癒表中，那麼就自行找出原因，自己療癒自己。你可以自問：「這是一種恐懼的表現形式，還是憤怒的表現形式？我願意放下這些想法嗎？我願意用正面肯定句取代它們嗎？」此外，愛自己對於療癒身體也有極大的幫助，因為愛可以療癒一切。

那麼，你有多愛自己？首先，最重要的是停止批判自己、批判他人。請接受你的本來面目，並盡量讚美自己。批判會摧毀內在的精神，讚美則會增進它。你要經常對著鏡子說：「我愛你，我真的很愛你！」剛開始，你可能覺得很難，但只要持續不斷地練習，你很快就會真心說出這些話，並產生真實的感受。請盡你所能地愛自己，然後，生命中的一切就會將這份愛反射回你身上。

身心問題	可能原因	新的思維模式
禿頭	恐懼。緊張。想要控制一切。不信任生命的過程。	我是安全的。我愛自己、肯定自己。我信任生命。
白髮	緊張。覺得有壓力、操心。	我在生活的各個領域都很平安、自在。我很堅強、很有能力。
頭痛	否定自己。自我批判。恐懼。	我愛自己、肯定自己。我以充滿愛的眼光看待自己和我的所作所為。我是安全的。
偏頭痛	不喜歡被人驅使。抗拒生命之流。對性的恐懼。（通常可以透過自慰抒解。）	我放鬆自己進入生命之流，讓生命輕鬆自在地提供我所需的一切。生命是支持我的。

身心問題	可能原因	新的思維模式
腦	代表人體的電腦、電話總機。	我帶著愛操作自己的心智。
腦瘤	程式化的不正確信念。固執。拒絕改變舊模式。	重新為我的心智電腦設計程式是很容易的。生命一直在改變，我的心智也永遠是新的。
臉部	代表我們展現給這個世界看的一切。	做自己是安全的。我展現真實的自己。
眼睛	代表看清過去、現在和未來的能力。	我帶著愛與喜悅看待一切。
眼睛問題	不喜歡在生活中見到的一切。	我現在創造出我樂見的生活。
散光	跟「我」有關的麻煩。害怕真正看見自己。	我現在願意看見自己的美麗與莊嚴。
白內障	無法帶著喜悅向前看。未來很黑暗。	生命是永恆的，並且充滿了喜悅。我期待每一刻的到來。

青光眼	冷酷地堅持不寬恕。受長期創傷之苦。覺得快被這一切吞沒。	我帶著愛與溫柔看待一切。
結膜炎	對於目前在生活中見到的事備感憤怒與挫折。	我以充滿愛的眼光看待一切。這件事有個和諧的解決之道，我現在就接受它。
流行性結膜炎／紅眼症	憤怒與恐懼。不想看。	我放下對於「我是對的」這件事情的需求。我很平靜。我愛自己、肯定自己。
角膜炎	極度憤怒。渴望痛打你看見的人事物。	我允許來自我心中的愛療癒我看見的一切。我選擇平靜。在我的世界中，一切都是美好的。
麥粒腫	用憤怒的眼光看人生。對某人感到憤怒。	我決定以充滿愛與喜悅的眼光看待一切人事物。
乾眼症	憤怒的眼光。拒絕以充滿愛的眼光看事物。寧可死也不願寬恕。懷恨在心。	我願意寬恕。我將生命吸進我的夢想之中，並以慈悲與理解的眼光看待一切。
兒童眼疾	不想看見家中發生的事情。	這個孩子現在被圍繞在和諧、喜悅、美麗與平安之中。

身心問題	可能原因	新的思維模式
內斜視／鬥雞眼	不想看到外界的事物。目的或想法沒有交集。	正視一切對我而言是安全的。我處在平安之中。
外斜視	害怕注視當下。	此刻，我愛自己、肯定自己。
近視	對未來感到恐懼。不信任等在前方的事物。	我信任生命的過程。我接受神的指引，我永遠是安全的。
遠視	對當下感到恐懼。	我知道此時此地的我很安全。
耳朵	代表聽的能力。	我帶著愛聆聽。
耳痛（外耳炎、中耳炎、內耳炎、耳道炎）	憤怒。不想聽。太多混亂。父母爭吵。	我的周圍一片和諧。我帶著愛聆聽愉快又美好的事物。我是愛的中心。
耳聾	排斥、固執、疏離。不想聽、不想被打擾。	我聆聽神的旨意，並為了我可以聽見的一切備感欣喜。我與萬物是一體的。

乳突炎	憤怒與挫折。不想聽見正在發生的事。通常發生在小孩子身上。恐懼影響到理解力。	神聖的平靜與和諧圍繞著我，並存在我之內。我是平靜、愛與喜悅的綠洲。在我的世界中，一切都是美好的。
耳鳴	拒絕聆聽。不聽內在的聲音。固執。	我信任自己的「高我」。我帶著愛聆聽內在的聲音。我放下所有與愛相左的行為。
鼻子	代表自我認可。	我認可自己的直覺力。
流鼻血	被認可的需求。覺得自己不被認可、沒受到注意。迫切需要愛。	我愛自己、肯定自己。我認出自己真正的價值。我很棒。
流鼻涕	要求幫助。內在的哭泣。	我以讓自己開心的方式愛自己、安撫自己。
鼻竇炎	對某個親近的人感到惱怒。	我知道自己一直被平靜與和諧包圍著，並安住其中。一切都很好。
鼻塞	沒有認出自己的價值。	我愛自己、欣賞自己。

身心問題	可能原因	新的思維模式
花粉症	情緒混亂。害怕曆法顯示的吉凶。相信自己被迫害。內疚。	我與生命的一切是一體的。我一直很安全。
口腔	代表接受新的觀念與滋養。	我用愛滋養自己。
口腔問題	固執己見。心靈封閉。無法接受新觀念。	我樂於接受新想法、新觀念，並準備好要了解、吸收它們了。
口腔發出異味	憤怒及報復的想法。自恃有經驗。	我帶著愛釋放過去。我選擇只說出充滿愛的話語。
口臭	差勁的態度、惡毒的閒言閒語、齷齪的想法。	我帶著愛且溫和地說話。我只吐出美好的事物。
口腔潰瘍／口瘡／嘴破	克制自己不說傷人的話。責怪。	在我充滿愛的世界中，我只創造喜悅的體驗。
唇疱疹／發熱性疱疹	憤怒的話語在心中盤旋，不敢說出來。	我愛我自己，所以我只創造平靜的體驗。一切都是美好的。

單純疱疹（可在任何部位發病，特別是嘴、臀、生殖器、指間）	氣到抓狂。壓抑著不說出惡毒的話。	我只思考、只說出充滿愛的話語。我與生命和平共處。
牙齒	代表決定。	
牙齒問題	長期缺乏決斷力。無法把想法拆開來分析，以做出決定。	我根據事實的原則做決定，而且很放心，因為我知道生命中發生的一切都是正確的。
牙根管	再也無法咬住任何東西。根本的信念被摧毀。	我為自己、為自己的人生創造了穩固的基礎。我充滿喜悅地選擇那些支持我的信念。
牙齦問題	無法支持自己的決定。對生命優柔寡斷。	我是個有決斷力的人。我帶著愛貫徹並支持自己的決定。
牙齦出血	在生活中做決定時缺乏喜悅。	我相信生命中發生的一切永遠都是正確的。我很平安。
牙周病／齒槽膿漏	因無法做決定而憤怒。優柔寡斷。	我肯定我自己，我做的決定對我而言永遠是完美的。

身心問題	可能原因	新的思維模式
智齒長不出來	沒有給自己心理空間來創造穩固的基礎。	我敞開自己的意識接受生命的擴展。有許多空間可以讓我成長與改變。
舌頭	代表滿懷喜悅地品味生活樂趣的能力。	我因為生命賜予我的豐富禮物而欣喜。
下頜問題（顳顎關節症候群）	憤怒。怨恨。渴望報復。	我願意改變我內在造成這種狀況的模式。我愛自己、肯定自己。我是安全的。
頸部（頸椎）	代表靈活性及看見背後事物的能力。	我與生命和平共處。
頸部問題	拒絕去看問題的另一面。固執、缺乏靈活性。	我靈活而輕鬆地看見問題的每一面。做事方法及看事情的角度有無限多種。我是安全的。
脖子僵硬	頑固不屈。	用其他觀點看事情是很安全的。

喉嚨	表達的途徑。創造力的管道。	我敞開心，唱出愛的喜悅。
喉嚨問題	無法為自己發聲。忍氣吞聲。創造力被扼殺。拒絕改變。	就算製造噪音也沒關係。我充滿喜悅且自在地表達自己。我安心地為自己發聲。我展現自己的創造力。我願意改變。
喉炎	氣到說不出話來。不敢暢所欲言。痛恨權威。	我自在地要求我想要的一切。表達自己是安全的。我很平靜。
喉嚨痛	忍住氣憤的話語。覺得無法表達自己。	我放下所有的限制，自由自在地做自己。
扁桃腺周圍膿腫	堅決相信無法為自己發聲，也無法要求自己所需的事物。	滿足我的需求是我與生俱來的權利。現在，我輕鬆地用愛要求我想要的一切。
扁桃腺炎	恐懼。情緒被壓抑。創造力被扼殺。	現在，對我好的一切事物自由地流動。來自神的想法和點子透過我展現。我很平安。
神經	代表溝通、交流。接受能力強的播報員。	我自在且充滿喜悅地溝通、交流。

身心問題	可能原因	新的思維模式
神經衰弱	自我中心。堵住溝通的管道。	我敞開自己的心，並且只創造充滿愛的溝通、交流。我很安全。我一切都很好。
神經質	恐懼、焦慮、掙扎、匆忙。不信任生命的過程。	我正走在穿越永恆的無盡旅程中，時間很多，不必匆忙。我用心與人溝通。一切都很好。
神經痛	因內疚而懲罰自己。因溝通不良而苦惱。	我寬恕自己。我愛自己、肯定自己。我用愛與人溝通。
坐骨神經痛	虛偽、表裡不一。對金錢和未來感到恐懼。	我走向更大的美好。我處處可以擁有美好的事物，我是安全無虞的。
麻痺	讓人無力的想法。被困住了。	我是個自由的思想者，按照自己的想法行事。我擁有美好的體驗，並覺得自在、喜悅。
顏面神經麻痺／貝爾氏麻痺	極度控制憤怒。不願意表達出自己的感覺。	表達出自己的感覺很安全。我寬恕我自己。

腦性麻痺	需要以愛的行動團結家人。	我為一個團結、充滿愛又平靜的家庭做出貢獻。一切都很好。
癱瘓	恐懼。驚駭。想逃離某個狀況或某個人。抗拒。	我與生命的一切是一體的。所有的狀況都完全難不倒我。
中風（腦中風）	放棄。抗拒。「寧可死也不願改變」的心態。排斥生命。	生命一直在改變，我輕鬆地適應新事物。我接受過去、現在及未來的人生。
癲癇症（大發作、小發作）	覺得受迫害。排斥生命。覺得十分掙扎。對自己施暴。	我決定視生命為永恆的、喜悅的。我也是永恆的、喜悅的、平安的。
多發性硬化症	心理上的堅硬、冷酷無情、鐵石心腸、沒有彈性。恐懼。	藉由選擇充滿愛與喜悅的想法，我創造了一個充滿愛與喜悅的世界。我很安全、很自由。
帕金森氏症	恐懼。想要控制一切人事物的強烈渴望。	我放鬆自己，因為我知道自己很安全。生命是支持我的，所以我信任生命的過程。
阿茲海默症	拒絕面對世界。絕望與無助。憤怒。	我永遠有更好的新方式可以體驗生命。我寬恕並放下過去的一切。我進入喜悅之中。

身心問題	可能原因	新的思維模式
癡呆	拒絕面對世界。絕望與憤怒。	我位在對我而言最完美的地方，而且一直很安全。
狂犬病	憤怒。相信暴力是解決之道。	我被平靜包圍，並安住其中。
帶狀疱疹/水痘	一直在等待最後的結果。恐懼與緊張。過於敏感。	我很放鬆、很平靜，因為我信任生命的過程。在我的世界中，一切都很好。
精神疾病/精神失常	想逃離家庭。逃避現實、退縮。極度渴望脫離生活。	我的心智知道自己的真實身分，以及它神性的自我展現的創造點。
失眠症	恐懼。不信任生命的過程。內疚。	我帶著愛告別這一天，進入平靜的夢鄉，並且知道明天的事老天自有安排。
健忘症	恐懼。逃避生活。無法為自己挺身而出。	智慧、勇氣與自我價值永遠都在。活著是很安全的。

心臟	代表愛與安全感的中心。	我的心隨著愛的節奏跳動。
心臟問題	長期的情緒問題。缺乏喜悅。心變得堅硬。緊張和壓力。	喜悅，喜悅，喜悅！我帶著愛讓喜悅流過我的心、我的身體、我的生命經驗。
心臟病發作／心肌梗塞	為了金錢或地位之類的事物而搾光心中的喜悅。	我將喜悅帶回心中。我對一切事物表達愛。
動脈	運送生命的喜悅。	我充滿了喜悅。喜悅隨著心臟的每一次跳動流遍我全身。
動脈硬化	抗拒、緊張。根深柢固的偏執心態。拒絕去看好的一面。	我完全敞開來接受生命及喜悅。我決定帶著愛看待一切。
冠狀動脈栓塞	覺得孤獨、害怕。覺得自己不夠好、做得不夠多、永遠做不到。	我與生命的一切是一體的。宇宙完全支持我。一切都很好。
靜脈炎	憤怒和挫折。因生活中的限制及缺乏喜悅而怪罪他人。	現在，喜悅在我體內自由流動，我與生命和平共處。
血液	代表在體內自由流動的喜悅。	我展現生命的喜悅、接受生命的喜悅。

身心問題	可能原因	新的思維模式
高血壓	尚未解決的長期情緒問題。	我帶著喜悅放下過去。我很平靜。
低血壓	童年時期缺乏愛。失敗主義。覺得：「那有什麼用？反正又行不通。」	我現在決定活在永遠充滿喜悅的當下。我的生命就是喜悅。
血液問題	缺乏喜悅。想法不流暢。	充滿喜悅的新想法在我之內順暢地流動。
血栓	中止喜悅的流動。	我喚醒內在的新生命。我覺得自在、流暢。
膽固醇過高	喜悅的通道受阻。害怕接受喜悅。	我決定愛我的生命。我的喜悅通道敞開無阻。接受喜悅是很安全的。
貧血症	「話是沒錯，但是……」的態度。缺乏喜悅。對生命感到恐懼。覺得自己不夠好。	在生活的每個領域體驗喜悅是很安全的。我熱愛生命。

鐮狀細胞貧血症	相信自己不夠好，而這個信念摧毀了生命的喜悅。	這個孩子活在生命的喜悅中，並受到愛的滋養。神每天都在施展奇蹟。
白血病／血癌	粗暴地扼殺靈感。覺得：「那有什麼用？」	我跨越過去的局限，進入當下的自由。做我自己是很安全的。
何杰金氏病	責怪、極度害怕自己不夠好。拚命想證明自己，直到血液沒有養分支持自身。在尋求他人接納的競爭中，遺忘了生命的喜悅。	我完全樂於做我自己。現在的我已經夠好了。我愛自己、肯定自己。我展現喜悅、接受喜悅。
出血	失去喜悅。憤怒。覺得：「有什麼好高興的？」	我以完美的節奏展現和接受生命的喜悅。
肺部	接納生命的能力。	我以完美的平衡接納生命。
肺部問題	憂鬱。悲痛。害怕接納生命。覺得自己不值得活出完整的生命。	我有能力接納完整的生命。我用愛活出最完整的生命。
肺炎	絕望。對人生感到厭倦。不願療癒的情緒創傷。	我自由地接受來自神的想法，它們充滿生命的氣息與智慧。現在是嶄新的一刻。

身心問題	可能原因	新的思維模式
肺氣腫	害怕接納生命。覺得自己不值得活下去。	全然而自由地活著是我與生俱來的權利。我熱愛生命。我愛我自己。
呼吸	代表接納生命的能力。	我熱愛生命。活著是很安全的。
呼吸問題	害怕或拒絕全然接納生命。覺得自己一點都不重要，甚至沒有生存的權利。	全然而自由地活著是我與生俱來的權利。我值得愛。我現在決定全然地過活。
換氣過度症候群	恐懼。抗拒改變。不信任生命的過程。	在宇宙的每一處，我都是安全的。我愛我自己，並信任生命的過程。
窒息	恐懼。不信任生命的過程。被困在童年之中。	長大是安全的。這個世界是安全的。我是安全的。
氣喘病	令人窒息的愛。無法為自己呼吸。覺得被壓抑。抑制住哭泣。	現在，我為自己的生命負責是很安全的。我決定讓自己自由。

小兒氣喘病	對生命感到恐懼。不想存在。	這個孩子是安全的、被愛的。這個孩子是受歡迎的、被珍惜的。
呼吸系統疾病	害怕全然地接納生命。	我很安全。我熱愛我的生命。
支氣管炎／哮吼	火爆的家庭氣氛。爭吵、叫囂。偶爾沉默不語。	我宣告自己的內心及外在環境都是平靜且和諧的。一切都很好。
感冒／上呼吸道感染	同時發生太多事。心理混亂、失調。輕微的傷害。「每到冬天我都會感冒三次」之類的信念。	我允許自己的心智放鬆、平靜下來。我的內心及外在環境都是清明且和諧的。一切都很好。
流行性感冒	回應大眾的負面性和信念。恐懼。相信統計資料。	我超越集體的信念及曆法顯示的吉凶。我擺脫了擁擠的大眾及其影響力。
咳嗽	想對世界怒吼：「看著我！聽我說話！」	大家都以最正面的方式注意我、欣賞我。我是被愛的。
風寒	心理上的退縮、逃離與內縮。渴望躲避起來。不希望別人來打擾自己。	我一直安全無虞。愛在周圍保護著我。一切都很好。

身心問題	可能原因	新的思維模式
乳房/胸部	代表母性及養育。	我接受滋養，同時也付出，兩者保持完美的平衡。
乳房囊腫、乳房腫塊、乳房疼痛（乳腺炎）	拒絕滋養自己。以別人為優先。過度干涉。過度保護。過度承擔責任的態度。	我很重要。我很有價值。現在我用愛與喜悅照顧自己、滋養自己。我讓別人自由自在地做自己。我們都很安全、很自由。
肝臟	憤怒與原始情緒之所在。	我只知道愛、平靜與喜悅。
肝臟問題	長期抱怨。將自己的吹毛求疵合理化，以欺騙自己。感覺很糟。	我決定以開放的心過生活。我尋找愛，結果發現愛無處不在。
肝炎	抗拒改變。恐懼、憤怒、憎恨。肝臟是憤怒與狂怒的所在地。	我的心被洗滌過後，變得自由。我脫離過去，進入新的生命。一切都很好。
黃疸症	內在及外在的偏見。偏頗的判斷力。	我對所有人及我自己都懷著寬容、憐憫與愛的態度。

胃	留住養分。消化並領悟概念。	我輕鬆自在地領悟人生。
胃部問題	懼怕。害怕新事物。無法消化吸收新的東西。	生命與我和諧一致。每一天的每一刻，我都在消化吸收新事物。一切都很好。
胃炎	長期的不確定感。世界末日的感覺。	我愛自己、肯定自己。我很安全。
潰瘍	恐懼。強烈相信自己不夠好。到底是什麼在侵蝕你？	我愛自己、肯定自己。我處在平安之中。我很平靜。一切都很好。
消化性潰瘍	恐懼。相信自己不夠好。急著取悅他人。	我愛自己、肯定自己。我與自己和平共處。我很棒！
胃灼熱／火燒心	恐懼，恐懼，恐懼！緊抓著恐懼不放。	我自由自在地盡情呼吸。我很安全。我信任生命的過程。
腹部絞痛	恐懼。中止生命的過程。	我信任生命的過程。我很安全。

身心問題	可能原因	新的思維模式
胰臟	代表生命的甜美。	我的生命是甜美的。
胰臟炎	排斥。因為生命似乎不再甜美而感到憤怒與挫折。	我愛自己、肯定自己，並獨自在生命中創造了甜美與喜悅。
脾臟	擺脫不了某種情緒或想法。迷戀事物。	我愛自己、肯定自己。我相信生命的過程會支持我。我很安全。一切都很好。
腸子	消化。吸收。輕鬆地排除廢物。	放下是很容易的。我輕鬆地消化和吸收我必須知道的一切，並懷著喜悅放下過去。
腸道疾病	害怕放下那些老舊的、不再需要的東西。	我輕鬆自在地放下舊東西，然後帶著喜悅迎接新事物。
結腸	害怕放下。緊抓住過去。	我輕而易舉就釋放掉那些我不再需要的事物。過去已經結束了，現在我是自由的。

結腸炎／大腸炎	不安全感。代表釋放已結束之事的輕鬆自在。	我是完美的生命之流及其律動的一部分。萬事萬物都在神聖的適當秩序之中。
黏液性結腸炎	累積太多混亂的舊想法而堵塞了排除的管道。在過去的泥淖中打滾。	我釋放、化解過去。我是清明的思考者。我活在當下的平靜與喜悅之中。
痙攣性結腸炎	害怕放下。不安全感。	活著是很安全的。生命永遠會提供我需要的一切。一切都很好。
迴腸炎／克隆氏症／局部性腸炎	恐懼。擔心。覺得自己不夠好。	我愛自己、肯定自己。我盡力而為。我很棒。我很平安。
闌尾炎／盲腸炎	恐懼。對生命感到恐懼。阻礙美好事物流動。	我很安全。我輕鬆自在地讓生命快樂地流動。
瘻管	恐懼。在放下的過程中出現阻礙。	我很安全。我完全信任生命的過程。生命是站在我這邊的。
消化不良	深層的恐懼、害怕、焦慮。嘀嘀咕咕地發牢騷。	我平靜而喜悅地消化和吸收所有嶄新的生命經驗。

身心問題	可能原因	新的思維模式
打嗝	恐懼。生活步調太快。	我有足夠的時間和空間去做我必須做的每一件事。我很平安。
腹瀉	恐懼。排斥。逃跑。	我的消化、吸收和排泄功能完美而規律。我與生命和平共處。
脹氣	緊抓著不放。恐懼。未充分消化吸收的概念。	我放鬆下來，讓生命毫不費力地在我身上流動。
便祕	拒絕放下舊有的想法。被困在過去。偶爾很吝嗇。	當我放下過去時，充滿活力的新事物就進入我的生命。我允許生命流經過我。
痢疾	恐懼及強烈的憤怒。	我在我的心智中創造平靜，我的身體也反映出平靜。
阿米巴痢疾	相信別人故意和我過不去。	我是我世界中的力量和主人。我很平靜。
細菌性痢疾	壓抑與絕望。	我充滿元氣、能量和活著的喜悅。

肛門	排泄點。傾卸場。	我輕鬆自在地釋放生命中不再需要的事物。
肛門膿瘡	因不想釋放而憤怒。	放下是安全的。離開我的，都是我不再需要的事物。
肛門出血/便血	憤怒與挫折。	我信任生命的過程。我生命中所發生的一切，都是適當且美好的。
肛門瘻管	廢物沒有完全釋放掉。抓住過去的垃圾不放。	我帶著愛完全釋放過去的一切。我是自由的。我就是愛。
肛門發癢	對過去感到內疚。悔恨。	我帶著愛寬恕自己。我是自由的。
肛門疼痛	內疚。渴望受到懲罰。覺得自己不夠好。	過去已經過去了，現在我決定愛自己、肯定自己。
痔瘡	害怕最後期限。過去的憤怒。害怕放下。覺得有負擔。	我釋放所有與愛相左的事物。我有足夠的時間和空間去做我想做的每一件事。

身心問題	可能原因	新的思維模式
腎臟問題	批判、失望、失敗。羞愧。幼稚的反應。	我生命中發生的一切都是神聖的適當行動。我的每個經歷為我帶來的只有美好。長大是安全的。
腎結石	一大堆沒化解的憤怒。	我輕鬆地化解過去所有的問題。
布萊特氏病（通指許多腎臟病）	覺得自己像個不夠好、做什麼事都會出錯的小孩。失敗。失落感。	我愛自己、肯定自己。我關心自己。任何事永遠都難不倒我。
腎炎	對失望和失敗反應過度。	我生命中發生的一切都是適當的。我放下舊的，迎接新的。一切都很好。
膽結石	悲苦。固執的想法。譴責。驕傲。	我滿懷喜悅地放下過去。生命十分美好，我也是。
膀胱問題（膀胱炎）	焦慮。抓住舊有的想法不放。害怕放下。被惹惱。	我輕鬆自在地放下舊東西，迎接生命中的新事物。我很安全。

尿床／遺尿症	害怕父母（通常是父親）。	這個孩子被用愛、憐憫與理解看顧著。一切都很好。
大小便失禁	情緒氾濫。控制情緒多年。	我願意去感受。表達情緒是安全的。我愛我自己。
尿道炎	憤怒、情緒化。被惹惱。責怪。	我只創造充滿喜悅的經驗。
睪丸	陽性原則。男子氣概。	身為男人是安全的。
攝護腺	代表陽性原則。	我接受我的男子氣概，並因身為男人而喜悅。
攝護腺問題	心理的恐懼削弱了男子氣概。放棄。性壓力與罪惡感。相信自己越來越老了。	我愛自己、肯定自己。我接受自己的力量。在精神上，我永遠年輕。
疝氣	關係破裂。緊張、負擔、創造力表達錯誤。	我的心是溫柔的、和諧的。我愛自己、肯定自己。我自由自在地做自己。

身心問題	可能原因	新的思維模式
生殖器	代表陽性和陰性原則。	做我自己是安全的。
生殖器問題	擔心自己不夠好。	我為我自己表達生命的方式而欣喜。現在的我就是完美的。我愛自己、肯定自己。
恥骨	代表生殖功能方面的保護。	我擁有性欲是安全的。
性無能／陽萎	性壓力、緊張、罪惡感。社會信念。對前任伴侶的怨恨。害怕母親。	我輕鬆而喜悅地讓我陽性原則的全部力量徹底發揮出來。
性病	性的罪惡感。覺得必須受懲罰。認為生殖器是罪惡或骯髒的。虐待他人。	我帶著愛與喜悅接受自己的性欲及其表現。我只接受那些支持我並讓我感覺美好的想法。
淋病	認為自己不好而必須受懲罰。	我愛我的身體。我愛我的性欲。我愛我自己。

梅毒	放棄自己的力量與影響力。	我決定做我自己。我肯定現在的自己。
生殖器疱疹	認為「性是罪惡」的大眾信念，以及接受懲罰的需求。公開羞辱。相信神會懲罰人。對生殖器有排斥感。	我對神的觀念支持著我。我既正常又自然。我對自己的性欲及身體感到歡喜。我很棒！
愛滋病	覺得自己無法自衛、毫無希望。沒人在乎我。強烈相信自己不夠好。否定自我。性的罪惡感。	我是宇宙計畫的一部分。我很重要，而且生命深愛著我。我是有力量、有能力的。我喜愛並欣賞自己的一切。
尿道感染（膀胱炎、腎盂腎炎）	被惹惱（通常是異性或情人引起的）。責怪他人。	我釋放我意識中造成這個狀況的模式。我願意改變。我愛自己、肯定自己。
卵巢	代表創造的地方。創造力。	我在我的創造之流中保持平衡。
子宮	代表創造力的溫床。	住在身體這個房子裡，我覺得很自在。

身心問題	可能原因	新的思維模式
陰戶	代表弱點。	有弱點是安全的。
婦女病	否定自我。排斥女性特質。排斥陰性原則。	我的女性特質讓我深感喜悅。我喜歡當個女人。我愛我的身體。
子宮內膜異位症	不安全感、失望及挫折。以甜食取代對自己的愛。老是責怪他人。	我既有力量又受人歡迎。身為女人是很棒的。我愛我自己，而且我很滿足。
子宮肌瘤和囊腫	滋養來自伴侶的某個傷害。對女性自我意識的打擊。	我釋放我內在引來這個經驗的模式。我只創造美好的事物。
陰道炎	對伴侶感到憤怒。性的罪惡感。自我懲罰。	別人反映出我對自己的愛與肯定。我快樂地享受自己的性欲。
白帶	相信女性比男性弱。對伴侶感到憤怒。	所有的經驗都是我自己創造的。我就是力量。我以身為女人為樂。我是自由的。

月經問題	排斥自己的女性身分。內疚、恐懼。相信生殖器是罪惡或骯髒的。	我接受自己身為女人所擁有的全部力量，並且認為我所有的生理過程都是正常的、自然的。我愛自己、肯定自己。
閉經/無月經症	不想當女人。不喜歡自己。	我樂於做我自己。我是生命的美麗展現，永遠隨順生命的流動。
痛經	對自己生氣。厭惡身體或討厭女人。	我愛我的身體。我愛我自己。我愛我所有的生理週期。一切都很好。
經前症候群	容許困惑坐大。將自己的力量交給外在的影響因素。排斥女性的生理過程。	現在，我為自己的心智及生命負責。我是個充滿力量、充滿活力的女人！我身體的每個部位都完美地運作著。我愛我自己。
更年期問題	害怕自己不再有人要。害怕變老。自我排斥。覺得自己不夠好。	我在所有的週期變化中都能保持平衡，且十分平靜。我帶著愛祝福自己的身體。
性冷感	恐懼。否定享樂。認為性是不好的。伴侶感覺遲鈍。害怕父親。	享受自己的身體是安全的。身為女人讓我很高興。

身心問題	可能原因	新的思維模式
流產（自然流產）	恐懼。對未來感到恐懼。「現在不要……以後再說」的態度。時機不恰當。	我生命中發生的一切都是神聖的適當行動。我愛自己、肯定自己。一切都很好。
不孕症	害怕並抗拒生命的過程，或是沒有必要經歷為人父母這項體驗。	我信任生命的過程。我永遠在適當的地方和時機做正確的事。我愛自己、肯定自己。
腺體	代表擁有地位。自發的行動。	我是我自己世界中的創造力量。
腺體問題	缺乏「起而行」的想法。扯自己後腿。	我擁有我需要的一切神聖想法和行動。我現在就往前邁進。
腦下垂體	代表控制中心。	我的身心處於完美的平衡。我控制我自己的思想。
腎上腺問題	失敗主義。不再關心自己。焦慮。	我愛自己、肯定自己。關心自己是很安全的。
艾迪森氏病	在情緒上嚴重地「營養不良」。對自己感到憤怒。	我用愛來照顧我的身體、我的心智、我的情緒。

庫欣氏病	心理不平衡。過多破壞性的想法。覺得自己被欺壓。	我用愛平衡自己的身心。我現在選擇讓我感覺美好的想法。
甲狀腺	羞辱。覺得：「我永遠無法做自己想做的事。何時才輪得到我？」	我超越舊有的限制，允許自己隨心所欲且充滿創造力地展現自己。
甲狀腺腫	對別人所加諸的痛苦深感憎恨。覺得自己是受害者。覺得在人生中受挫。不滿足。	我是我生命中的力量和主人。我自由自在地做自己。
甲狀腺機能亢進	因為被忽略而狂怒。	我處在生命的中心。我肯定我自己、肯定我見到的一切。
甲狀腺機能低下	放棄。覺得絕望到快窒息了。	我以完全支持我的新規則來創造新的人生。
淋巴問題	警告你要讓自己的心重新回歸生命的本質。愛與喜悅。	現在我完全專注在愛與活著的喜悅上。我隨著生命流動。我擁有心靈的平靜。
胸腺	免疫系統的主要腺體。覺得被生命攻擊。別人故意和我過不去。	我充滿愛的思想讓我的免疫系統功能強大。我的內在和外在都很安全。我帶著愛傾聽自己。

身心問題	可能原因	新的思維模式
腺狀腫	家庭摩擦、爭執。小孩覺得自己不受歡迎或很礙眼。	這個小孩被需要、被深愛著，而且受人歡迎。
糖尿病	渴望原本可以擁有的事物。極度需要掌控一切。深沉的哀傷。留不住生活中的甜美、愉悅。	這一刻充滿了喜悅。我現在決定體驗今天的甜美、愉悅。
低血糖	被生活的負荷壓垮。覺得：「那有什麼用？」	現在我決定讓自己的人生輕盈、自在又充滿喜悅。
身體左側	代表接受能力、接納、陰性能量、女性、母親。	我的陰性能量完美地保持平衡。
身體右側	代表給出去、釋放、陽性能量、男性、父親。	我輕鬆且毫不費力地讓我的陽性能量保持平衡。
肩膀	代表在生活中滿懷喜悅地實現體驗的能力。我們的態度讓生活成為一種負擔。	我決定讓自己所有的體驗都充滿愛與喜悅。

圓肩	背負生活的重擔。無助與絕望。	我充滿自信且自由。我愛自己、肯定自己。我的人生一天比一天更好。
背部	代表來自生命的支持。	我知道生命永遠支持著我。
上背部問題	缺乏情緒上的支持。覺得自己不被愛。抑制住愛。	我愛自己、肯定自己。生命愛我、支持著我。
中背部問題	內疚。被隱藏在背後的一切困住了。「別煩我！」	我放下過去。我帶著心中的愛，自由地向前邁進。
下背部問題	對金錢感到恐懼。缺乏財務上的支持。	我信任生命的過程。我需要的一切都被安排得很好。我很安全。
脊柱	生命充滿彈性的支持。	生命支持著我。
脊柱彎曲/脊柱側彎	無法隨著來自生命的支持流動。因為恐懼而想抓住舊有的想法不放。不信任生命。缺乏完整性。沒有堅定信念的勇氣。	我放下所有的恐懼。現在我信任生命的過程。我知道生命永遠站在我這邊。我帶著愛抬頭挺胸且充滿自信。

身心問題	可能原因	新的思維模式
脊膜炎	激動的想法、對生命極度憤怒。	我放下所有的指責，並接受生命的平靜與喜悅。
椎間盤突出	覺得完全沒有得到生命的支持。沒有決斷力。	生命支持我所有的想法，因此，我愛自己、肯定自己，一切都很好。
軟骨病／佝僂病	在情緒上「營養不良」。缺乏愛及安全感。	我很安全，而且被宇宙的愛滋養著。
骨骼	代表宇宙的架構。	我身體的結構完美又勻稱。
骨架	架構崩毀。骨骼代表你生命的架構。	我健康又強壯。我身體的結構很完美。
骨折／骨骼碎裂	反抗權威。	在我的世界中，我就是自己的主人，因為可以主宰我內心想法的，只有我自己。
骨骼畸形	心理壓力和緊張。肌肉無法伸展。喪失心理的機動性。	我全然接納生命。我放鬆下來，信任生命之流及生命的過程。

骨質疏鬆症	覺得沒有在生活中得到任何支持。	我支持自己，而生命也會以出乎意料且充滿愛的方式支持我。
骨髓	代表對於自我最深層的信念，以及你支持和關心自己的方式。	神的靈構成我的生命。我是安全的、被愛的，並且被全然地支持著。
骨髓炎	對生命的架構感到憤怒與挫折。覺得自己不被支持。	我信任生命的過程，並與之和平共處。我是安全無虞的。
肌肉	抗拒新的體驗。肌肉代表在生命中前進的能力。	我體驗到生命是一場喜悅的舞蹈。
肌肉萎縮症	認為長大是不值得的。	我超越了父母的限制。我自由地成為最棒的自己。
痙攣	因恐懼而使自己的思想緊縮。	我釋放，我放鬆，我放下。我在生活中很安全。
抽筋	緊張。恐懼。緊抓著不肯放下。	我放鬆下來，讓自己的心智處於平靜之中。
小兒麻痺症／脊髓灰質炎	令人無力的嫉妒。渴望阻止某人。	每個人都能一無所缺。我用愛的思想創造自己的美好與自由。

身心問題	可能原因	新的思維模式
僵硬	頑固又死板的想法。	讓自己的心智充滿彈性是非常安全的。
關節	代表生命方向的改變及其改變的難易程度。	我輕鬆地隨著改變流動。我的生命被神引導著，所以我永遠朝最好的方向前進。
關節炎	覺得不被愛。批判、怨恨。	我就是愛。現在我決定愛自己、肯定自己。我帶著愛看待他人。
類風濕性關節炎	對權威的強烈批判。覺得自己人善被人欺。	我是我自己的主人。我愛自己、肯定自己。生命是美好的。
風濕病	感覺自己是受害者。缺乏愛。長期的悲苦。怨恨。	我創造了自己的體驗。隨著我愛自己及他人、肯定自己及他人，我的體驗也會越來越美好。
滑囊炎	壓抑憤怒。想打人出氣。	愛讓所有不是愛的事物放鬆下來，並釋放它們。
扭傷	憤怒與抗拒。不想朝生命中的某個方向前進。	我相信生命的過程只會將我帶到對我最好的地方。我很平靜。

手臂	代表擁抱生命經驗的能力。	我自在且滿懷喜悅地用愛擁抱、接納我的生命經驗。
手肘	代表改變方向及接受新的經驗。	我輕鬆地隨著新經驗、新方向和新改變流動。
手腕	代表動向及輕鬆的態度。	我用智慧、愛及輕鬆的態度面對我所有的生命經驗。
腕隧道症候群	對人生表面上的不公平感到憤怒與挫折。	現在我決定創造喜悅而富足的人生。我很輕鬆自在。
雙手	掌握、把持。攫取、緊握。抓取、放下。撫摸、擰捏。處理生命經驗的所有方式。	我決定用愛、喜悅及輕鬆的態度處理我的生命經驗。
手指	代表生活的細節。	我與生活的細節和平共處。
拇指	代表思維能力與憂慮。	我的心智很平靜。
食指	代表自我與恐懼。	我很安全。

身心問題	可能原因	新的思維模式
中指	代表憤怒與性欲。	我對自己的性欲感到自在。
無名指	代表結合與悲傷。	我以平靜的心愛人。
小指	代表家庭與偽裝。	在生命這個大家庭的陪伴下，我做我自己。
（手、腳的）指甲	代表保護。	我安全地伸展。
咬指甲	挫折。侵蝕自我。對父親或母親的怨恨。	長大是安全的。我現在帶著喜悅，輕鬆地掌握自己的人生。
手指關節炎	渴望懲罰他人。責怪。覺得自己是受害者。	我帶著愛與理解看待一切。我將一切生命經驗都帶到愛之光裡。
臀部	代表力量。臀部鬆垮，表示失去力量。以完美的平衡承載身體前進的主要推力。	每一天都充滿了喜悅。我的人生過得平衡又自在。我明智地運用自己的力量。我很有力量。我很安全。一切都很好。

臀部問題	做重大決定時害怕前進。缺乏前進的目標。	我處於完美的平衡中。不論幾歲，我都輕鬆且滿懷喜悅地在生命中前進。
腿	帶著我們在生命中前進。	生命是支持我的。
小腿	失敗的理想。小腿代表人生的標準。	我懷著愛與喜悅達到我的最高標準。
小腿問題	對未來感到恐懼。不想前進。	我懷著自信與喜悅前進，因為我知道未來的一切都會很好。
靜脈曲張	處在一個討厭的狀況中。氣餒。覺得自己工作過度、負擔過重。	我處在真理中，並懷著喜悅生活、向前邁進。我熱愛生命，並自由地在這個世界上活動。
膝蓋	代表自負與自我。	我很有彈性，能隨順生命之流。
膝蓋問題	固執的自我與傲慢。無法順從。恐懼。欠缺彈性。不願讓步。	寬恕。理解。憐憫。我能自在地屈伸，隨順生命之流。一切都很好。

身心問題	可能原因	新的思維模式
腳踝	執拗與內疚。腳踝代表接受愉悅的能力。	我值得享受人生。我接受生命給我的一切愉悅。
足部	代表對自己、對生命、對他人的理解。	我的理解力很清晰，而且我願意隨著時間改變。我很安全。
足部問題	對未來、對沒有在生命中前進感到恐懼。	我輕鬆且滿懷喜悅地在生命中前進。
腳趾	代表未來一些更小的細節。	所有的細節都進行順利。
趾甲內長	對自己向前邁進的權利感到憂慮和內疚。	朝著自己的生命方向前進是我神聖的權利。我很安全。我是自由的。
拇趾外翻	生命經驗中缺乏喜悅。	我滿懷喜悅地奔向美好的生命經驗。
痛風	支配的需要。沒耐性、憤怒。	我是安全無虞的。我與自己及他人和平共處。

皮膚	保護自己的個體性。感覺器官。	我覺得做自己很安全。
皮膚問題	焦慮、恐懼。過去那些埋藏已久、令人討厭的事物。覺得自己正遭受威脅。	我帶著愛，以喜悅與平靜的想法保護自己。過去已經被寬恕、被遺忘了。此刻我是自由的。
青春痘／面皰／痤瘡	不接納自己。不喜歡自己。	我是生命神聖的展現。我愛自己、接納現在的自己。
黑頭粉刺	突發的小慍怒。	我讓自己的思緒冷靜下來，覺得很平靜。
白頭粉刺	隱藏醜陋。	我接納自己，知道自己是美麗的、被愛的。
蕁麻疹／風疹塊	隱藏的小恐懼。小題大做。	我將平靜帶進生活的每個角落。
疹子	因延誤而惱怒。以幼稚的方式得到別人的注意。	我愛自己、肯定自己。我與生命的過程和平共處。
濕疹	激烈的對抗。情緒爆發。	我被和諧與平靜、愛與喜悅包圍著，並安住其中。我是安全無虞的。

身心問題	可能原因	新的思維模式
乾癬／牛皮癬／銀屑病	害怕受傷害。讓自己的感受變麻木。拒絕為自己的感受負起責任。	我對活著的喜悅感受敏銳。我值得並接受生活中最美好的一切。我愛自己、肯定自己。
金錢癬	允許別人激怒自己。覺得自己不夠好或不夠乾淨。	我愛自己、肯定自己。沒有任何人事地物可以掌控我。我是自由的。
疥瘡／疥癬	受影響的想法。允許別人激怒自己。	我是生命活生生且充滿愛與喜悅的展現。我就是我自己。
白斑病	覺得自己完全置身事外。沒有歸屬感。覺得自己不是團體的一分子。	我位處生命的中心點，並且在愛中與所有的生命完全連結在一起。
足癬／香港腳	因為不被接受而備感挫折。無法輕鬆自在地前進。	我愛自己、肯定自己。我允許自己往前邁進。向前進很安全。
硬皮症	保護自己免受生活的傷害。不相信自己能支持及照顧自己。	我完全放鬆，因為現在我知道自己很安全。我信任生命，也信任自己。

雞眼	思想變硬的部分——固執地抓住過去的痛苦不放。	我從過去中解脫，並向前邁進。我很安全、很自由。
老繭	根深柢固的觀念與想法。恐懼具體化。	以新的方式與觀念看待一切、體驗人生是很安全的。我敞開來接受美好的事物。
狼瘡	放棄。寧可死也不願支持自己。憤怒與懲罰。	我輕鬆自在地為自己發聲。我擁有自己的力量。我愛自己、肯定自己。我很自由、很安全。
多毛症	掩藏的憤怒（通常是用恐懼來掩蓋）。極度想要責怪他人。不願意滋養自己。	我是我自己的父母，而且充滿了愛心。我被愛與肯定覆蓋著。展現出自己是安全的。
疣	輕微地表達厭惡。相信自己很醜陋。	我是全然展現的生命之愛、生命之美。
足蹠疣	對自己所了解的事物感到憤怒。對未來的挫折感蔓延開來。	我滿懷信心，輕鬆地向前邁進。我信任生命的過程，並隨之流動。
癤/疔	憤怒。失去冷靜。激動。	我展現愛與喜悅，覺得很平靜。

身心問題	可能原因	新的思維模式
癰	因個人受到不公平的待遇而產生的破壞性憤怒。	我釋放過去，讓時間療癒我生命的每個領域。
瘡	內在未表達出來的憤怒。	我以喜悅而正面的方式表達自己的情緒。
膿腫	沉溺在傷害、輕蔑及報復的思想中。	我讓自己的思想自由。過去的已經過去了。我很平靜。
水疱	抗拒。缺乏情緒上的保護。	我輕柔地隨著生命及每個新的人生經歷流動。一切都很好。
小瘤/小結節	職業生涯帶來的挫折、怨恨，以及受傷的自我。	我釋放我內在的拖延模式，現在成功非我莫屬。
癌症	很深的傷害。長久的怨恨。藏得很深的祕密或悲痛侵蝕了自我。背負著仇恨。覺得：「那有什麼用？」	我懷著愛寬恕並放下過去的一切。我決定讓自己的世界充滿喜悅。我愛自己、肯定自己。

腫瘤	滋養舊有的傷害與打擊。滋生悔恨。	我帶著愛釋放過去，然後轉而將焦點放在嶄新的這一天。一切都很好。
瘤／贅生物	滋養舊創傷。增長怨恨。	我很容易寬恕。我愛自己，並以讚美的想法犒賞自己。
壞疽	心理不健全。以有害的想法埋沒喜悅。	我現在選擇和諧的想法，並讓喜悅在我身上自由流動。
囊腫	重映讓人痛苦的舊影片。滋養創傷。一種錯誤的生長物。	我心智的影片是美好的，因為我決定如此創造它們。我愛我自己。
囊腫性纖維化	深信自己的人生不會順利。覺得自己很可憐。	生命愛我，我也愛生命。現在我選擇自由地全然接納生命。
循環系統	代表感受，以及用正面方式表達情緒的能力。	我自由地讓喜悅與愛在我世界的每個角落循環。我熱愛生命。
太陽神經叢	直覺反應。直覺力的中心。	我信任自己內在的聲音。我是堅強、明智又充滿力量的。

身心問題	可能原因	新的思維模式
不治之症	目前無法藉由外在的方法醫治，必須進入內在療癒。不治之症從虛無中來，亦將歸於虛無。	每天都有奇蹟發生。我進入自己的內在化解造成這個不治之症的模式，而且現在就接受來自神的療癒。就是這樣！
肌萎縮性脊髓側索硬化症／路格瑞氏症／漸凍人症	不願接受自我的價值。拒絕成功。	我知道我是有價值的。成功是很安全的。生命深愛著我。
亨丁頓舞蹈症	因無法改變他人而怨恨。絕望。	我將所有的控制權釋放給宇宙。我與自己及生命和平共處。
過動症	恐懼。覺得有壓力，而且快發狂了。	我很安全。所有的壓力都消失了。我已經夠好了。
過敏症	極度討厭某人。否定自己的力量。	這個世界既安全又友善。我很安全。我與生命和平共處。
厭食症	否定自我。極度地恐懼、自我憎恨及自我排斥。	做自己是很安全的。我現在的樣子就很棒。我決定活下去。我選擇喜悅與自我接納。

缺乏食欲	恐懼。保護自己。不信任生命。	我愛自己、肯定自己。我很安全。生命是安全且充滿喜悅的。
暴食症	令人絕望的恐懼。發了狂似地讓自我憎恨填滿整個心，卻又急著擺脫它。	生命愛著我、滋養我、支持著我。活著是很安全的。
食欲過盛	恐懼。需要被保護。批判自己的情緒。	我很安全。去感受一切是很安全的。我的感覺很正常，而且可以被接受。
憂鬱症	懷抱著你覺得自己無權擁有的憤怒。絕望。	現在我超越了他人的恐懼和限制。我創造自己的人生。
嗜睡症／猝睡症	無法應付生活。極度恐懼。想要逃離一切。不想待在這裡。	我相信神的智慧和引導會永遠保護我。我很安全。
慢性病	拒絕改變。對未來感到恐懼。覺得不安全。	我願意改變和成長。我創造出平安的、全新的未來。
痲瘋病／漢生病	完全無法料理生活。長期認為自己不夠好或不夠乾淨。	我超越所有限制。我受到神的引導和啟發。愛能療癒所有生命。

身心問題	可能原因	新的思維模式
結核病	因自私而日漸消瘦。占有欲。殘酷的想法。報復心。	隨著我愛自己、肯定自己，我創造出平靜而充滿喜悅的世界。
牙關緊閉（破傷風症狀之一）	憤怒。控制欲。拒絕表達情感。	我信任生命的過程。我輕鬆地要求我想要的一切。生命支持著我。
肌肉強直性痙攣（破傷風症狀之一）	需要釋放憤怒及引起痛苦的想法。	我讓內心的愛流遍我全身，讓它淨化並療癒我身體的每個部分和我的情緒。
臆球症/喉嚨異物感	恐懼。不信任生命的過程。	我很安全。我相信生命站在我這邊。我自由且滿懷喜悅地展現自己。
瘧疾	與自然、與生命失去平衡。	我與所有生命保持平衡、一致。我很安全。
絛蟲病	堅決相信自己是受害者，而且不乾淨。對別人表面上的態度感到無助。	別人只會反映我對自己的美好感受。我愛自己的一切、肯定自己的一切。

佩吉特氏病	覺得已經沒有立足之地。覺得沒人在乎自己。	我知道生命以偉大崇高的方式支持著我。生命愛我、關心我。
兒童疾病	相信曆法顯示的吉凶、社會觀念和錯誤的規條。身邊的大人有幼稚的行為。	這個孩子被神保護著、被愛圍繞著。我們具有心理上的免疫力。
嬰兒腸絞痛	心理上的惱怒、不耐煩、覺得被周遭事物打擾。	這個孩子只會回應愛和充滿愛的想法。一切都很平靜。
感染	憤怒、惱怒、被激怒。	我決定讓自己處於平靜而和諧的狀態。
病毒感染	缺少在生命中流動的喜悅。悲苦。	我帶著愛讓喜悅在我生命中自由流動。我愛我自己。
EB病毒	逼自己超越極限。害怕自己不夠好。耗盡內在的支持力量。病毒般的壓力。	我放鬆下來，並體認到自己的價值。我現在已經夠好了。人生很輕鬆，且充滿喜悅。
腺熱／感染性單核球增多症	因為沒有得到他人的愛與欣賞而憤怒。不再關心自己。	我愛自己、欣賞自己、關心自己。我一無所缺。

身心問題	可能原因	新的思維模式
肌痛性腦脊髓炎／慢性疲勞症候群	逼自己超越極限。害怕自己不夠好。耗盡內在的支持力量。病毒般的壓力。	我放鬆下來，並體認到自己的價值。我現在已經夠好了。人生很輕鬆，且充滿喜悅。
黴菌感染	陳腐的信念。拒絕放下過去。讓過去掌控現在。	我自由且滿懷喜悅地活在當下。
酵母菌感染	否定自己的需求。不支持自己。	現在我決定以充滿愛與喜悅的方式支持自己。
念珠菌病	精神渙散。充滿挫折感與憤怒。在關係中既苛求又不信任對方。凡事百般要求。	我允許自己成為我可能成為的一切，而且我值得擁有生命中最美好的事物。我愛自己、欣賞自己，對他人也是。
鵝口瘡	因為做出錯誤的決定而憤怒。	我帶著愛接受自己的決定，因為我知道我有改變的自由。我很安全。
發燒	憤怒。發火。	我沉著而冷靜地展現愛與平靜。

頭暈／眩暈	心浮氣躁、思考渙散。拒絕去看。	我心神集中，覺得很平靜。活著很安全，感受喜悅也是。
昏厥／血管迷走神經性發作	恐懼。無法應付。突然覺得眼前一片黑暗，找不到出路。	我擁有處理人生中每一件事的知識和力量。
昏迷	恐懼。想逃離某事或某人。	我們用愛與平安包圍著你。我們為你創造一個療癒的空間。你是被愛的。
（病的）發作	想逃離家庭、自己或生活。	我安居在宇宙的家中。我安全無虞，並受到諒解。
發炎	恐懼。突然發怒。激動的思緒。	我的思緒平和、冷靜且歸於中心。
炎症	對於在生活中見到的境況感到憤怒和挫折。	我願意改變所有的批判模式。我愛自己、肯定自己。
發癢／搔癢症	渴望去做平常不會做的事。不滿足。悔恨。渴望跳脫或離開。	我安然地處於現狀。我接受自己的美好，並且知道我所有的需求及渴望都會被滿足。

身心問題	可能原因	新的思維模式
瘀傷/瘀血	生活中的小衝擊。自我懲罰。	我愛自己、珍惜自己。我親切又溫和地對待自己。一切都很好。
燒傷/灼傷	憤怒。發脾氣。發火。	我在內心及外在環境創造的只有平靜與和諧。我值得擁有美好的感受。
肉體創傷	對自己感到憤怒和內疚。	我寬恕自己，並決定愛自己。
外傷	對自己感到憤怒。覺得內疚。	我現在用正面的方式釋放憤怒。我愛自己、欣賞自己。
割傷	因為沒遵從自己的規則而懲罰自己。	我創造一個充滿獎賞的生命。
抓傷	覺得生活在撕扯你，生命是一場剝削。覺得自己正遭受剝削。	我感謝生命對我的慷慨大方。我是備受祝福的。
咬傷	恐懼。容易被人看不起。	我寬恕自己。從現在直到永遠，我都愛自己。

動物咬傷	轉向內在的憤怒。覺得需要接受懲罰。	我是自由的。
蚊蟲咬傷	對小事感到內疚。	我不受惱人之事所擾。一切都很好。
持續性疼痛	渴求愛。渴望被擁抱。	我愛自己、肯定自己。我充滿了愛，而且討人喜歡。
特定部位疼痛	內疚。因內疚而尋求懲罰。	我帶著愛釋放過去。它們自由了，我也解脫了。此刻在我心中，一切都很好。
體液積聚	你到底害怕失去什麼？	我願意帶著喜悅放下。
水腫	有什麼事或什麼人是你不願放下的？	我願意釋放過去。放下是很安全的。現在，我自由了。
腫脹	困在自己的想法裡走不出來。堵住的痛苦想法。	我的思想輕鬆自如地流動。我輕鬆地穿梭在各種想法中。
噁心／反胃／作嘔	恐懼。排斥某個想法或經驗。	我很安全。我相信生命的過程只會為我帶來美好的事物。

身心問題	可能原因	新的思維模式
嘔吐	強烈排斥某些想法或觀念。害怕新事物。	我安全且滿懷喜悅地領悟人生。只有美好的事物才會來到我身邊，並透過我展現。
暈車	恐懼。束縛感。覺得自己陷入困境。	我輕鬆地在時空中穿梭。包圍著我的只有愛。
暈船	恐懼。害怕死亡。缺乏控制。	我在宇宙中完全安全。不論在哪裡，我都很平靜。我信任生命。
動暈症	恐懼。害怕控制不了局面。	我永遠可以掌控自己的想法。我很安全。我愛自己、肯定自己。
失去平衡	思考渙散。未歸於中心。	我將自己置於平安之中，並接受我生命的完美。一切都很好。
體重過重	恐懼、需要被保護。逃避感受。不安全感、自我排斥。尋求滿足。	我與自己的感覺和平共處。我現在的處境很安全。安全感是我自己創造出來的。我愛自己、肯定自己。

肥胖	過度敏感。通常代表恐懼及被保護的需要。恐懼可能是在掩飾隱藏起來的憤怒，也可能是對寬恕的抗拒。	我被神的愛保護著。我永遠安全無虞。我願意成長，並為自己的生命負責。我寬恕他人，並創造出我想要的生活。我很安全。
手臂肥胖	因為被拒絕給予愛而憤怒。	創造所有我想要的愛是安全的。
腹部肥胖	對於未被滋養感到憤怒。	我用靈糧滋養自己；我既滿足又自由。
臀部肥胖	對父母有一大堆難以釋懷的怒氣。	我願意原諒過去的一切。超越父母的限制是安全的。
大腿肥胖	童年累積的憤怒（通常是對父親）。	我知道父親只是個缺乏愛的小孩，因此我很容易寬恕他。我們兩個都自由了。
橘皮組織	儲藏起來的憤怒與自我懲罰。	我寬恕自己與他人。我自由地愛，自在地享受人生。
毒常春藤或毒橡木中毒（皮膚因接觸而起皮疹）	覺得無招架之力，只能任憑他人攻擊。	我是有力量、且安全無虞的。一切都很好。

身心問題	可能原因	新的思維模式
食物中毒	允許他人掌控一切。覺得自己毫無防備。	我擁有力量與技巧，可以化解來到我面前的一切。
寄生蟲	把力量交給別人，讓他們接管一切。	我帶著愛取回自己的力量，並消除一切阻礙。
體臭	恐懼。不喜歡自己。畏懼他人。	我愛自己、肯定自己。我很安全。
麻木/感覺異常	不願付出愛和關懷。在心理上沒有感覺。	我分享我的感覺、我的愛。我回應每個人心中的愛。
口吃/結巴	不安全感。缺乏自我表達。不被允許哭泣。	我能自由地為自己發聲。表達自我是很安全的。我只用愛來與人溝通、交流。
打鼾	固執地不願放下舊模式。	我放下心中所有不屬於愛與喜悅的事物。我告別過去，走向充滿活力的新人生。
臉部習慣性的抽搐	恐懼。覺得有人在注意自己。	生命的一切都肯定我。一切都很好。我很安全。

臉部線條下垂	臉部線條下垂源自內心委靡不振的想法。對生活的怨恨。	我展現出活著的喜悅，並允許自己全然地享受每一天的每一刻。我又變年輕了。
疲勞	抗拒、厭倦。不喜歡自己做的事。	我對生命充滿熱情與活力。
虛弱	心理上需要休養。	我讓自己的心智放假，讓它享受一段愉快的假期。
焦慮	不信任生命流動的過程。	我愛自己、肯定自己，並信任生命的過程。我很安全。
酗酒	覺得：「那有什麼用？」覺得徒勞無益、內疚、無法勝任。自我排斥。	我活在當下。每一刻都是新的。我選擇看見自己的價值。我愛自己、肯定自己。
對某樣事物上癮	逃避自我。恐懼。不知道如何愛自己。	我發現自己好棒！我決定愛自己、欣賞自己。
冷漠	拒絕去感受一切。讓自己麻木。恐懼。	去感受一切是很安全的。我敞開來接受生命。我願意體驗人生。

哭泣	眼淚是生命之河，人在喜悅、悲傷或恐懼時都會流淚。	我與自己所有的情緒和平共處。我愛自己、肯定自己。
意外事故	無法為自己發聲。反抗權威。相信暴力。	我釋放內在造成這種狀況的模式。我很平靜。我是有價值的。
出生	代表進入生命電影的這個段落。	這個孩子現在展開一段喜悅又美妙的新生命。一切都很好。
出生缺陷	業力。你選擇以這種方式來到人間。我們選擇了自己的父母與孩子。未了結的事。	每個經驗對我們的成長過程而言都是完美的。我與自己的處境和平共處。
老化問題	社會信念。舊有的思想。害怕做真正的自己。抗拒當下。	我喜愛並接納每個年紀的自己。生命中的每一刻都是完美的。
年老糊塗	回到所謂「童年的安全感」中。需要他人的關心和注意。一種控制周遭人的形式。逃避。	來自神的保護。安全。平靜。宇宙智慧在生命的每個層面運作著。
自殺	以「非黑即白」的兩極化觀點看待生命。拒絕看見其他的出路。	我活在所有的可能性之中。永遠有其他出路。我很安全。

死亡	代表生命這場電影演完了。	我滿懷喜悅地朝新的經驗層次前進。一切都很好。
鼻涕倒流	內在的哭泣。孩子般的眼淚。覺得自己是受害者。	我承認並接受我是自己世界的創造力量。現在我決定享受我的人生。

放鬆並療癒身體的新思維模式（正面肯定句）

頭部：平靜、愛、喜悅與放鬆。我放鬆自己，進入生命之流，並讓生命在我身上自在地流動。

腦：生命的一切都在改變。我的成長模式永遠常新。

臉部：我喜歡並接納現在的自己。我很棒。

眼睛：我是自由的。我自由地展望未來，因為生命是永恆且充滿喜悅的。我以充滿愛的眼光看待一切。永遠沒有人可以傷害我。

耳朵：我傾聽神的話語。我聽見生命的喜悅。我是生命的一部分。我帶著愛聆聽。

鼻竇：我與生命的一切是一體的。除非我自己允許，否則沒有人能激怒我。我處在平靜與和諧之中。我不迷信曆法顯示的吉凶。

口腔：我是有決斷力、貫徹到底的人。我歡迎新想法、新觀念。

頸部：我很靈活、很有彈性。我歡迎其他不同的觀點。

喉嚨：我能為自己發聲。我自由地表達自己。我很有創造力。我帶著愛說話。

肩膀：我以無害的方式釋放憤怒。愛會釋放一切，讓人放鬆下來。生命是喜悅的、自由的，我接受的一切都很美好。

肺部：生命的氣息在我身上輕鬆地流動。我很平靜，沒有人能激怒我。我可以自由地掌握自己的生命。

心臟：我充滿了喜悅、愛與平靜。我滿心歡喜地接納生命。

肝臟：我放下再也不需要的一切。現在，我的意識很清明，我的想法則是嶄新又充滿活力。

胃：我很容易吸收新的想法或觀念。生命贊同我，沒有任何事可以激怒我。我很平靜。

大腸：我是自由的。我放下過去。生命在我身上自在地流動。我放下所有的壓力與重擔。我活在喜悅的當下。

腎臟：不論在何處，我都只尋找美好的事物。所發生的一切都是適當的。我很滿足。

膀胱：我放下舊事物，迎接新的。

生殖器：我是有力量的，我讓自己的性潛能自在而喜悅地運作。我帶著愛與喜悅接受自己的性欲，這當中沒有罪惡感，也沒有懲罰。

骨盆：愛的管道與形式會改變，但愛永遠不會失去。在所有週期的變化中，我都保持平衡。我以愛祝福自己的身體。我身體的每個部分都很美。

臀部：生命的力量支持著我，讓我充滿喜悅地向前邁進。我走進更美好的生活。我很安全。愛與寬恕。我讓別人做自己，我也因此得到自由。

背部：生命支持著我。我信任宇宙。我自由地付出愛與信任。我既勇敢又獨立。

腺體：我完全處於平衡之中。我的生理系統運作良好。我熱愛生命，體內的循環也暢通無阻。

皮膚：我以正面的方式讓別人注意到我。我很安全，我的個體性不受任何人威脅。我很平安，因為這個世界安全又友善。我放下所有的憤怒與怨恨。不論我需要什麼，都會出現。我接受自己的美好，不帶絲毫罪惡感。我與生活中的瑣事和平相處。

雙手：我帶著愛輕鬆處理所有的想法。

手指：我放鬆下來，因為我知道生命的智慧會處理好所有的細節。

膝蓋：原諒、寬容與憐憫。我毫不遲疑地向前邁進。

足部：我立足於真理之中。我懷著喜悅向前邁進。我在靈性方面具備理解力。

在我無盡的生命中，一切都是完美、圓滿而完整的。
我接受健康是我生命的本然狀態。
現在，我有意識地釋放我內在可能表現為疾病或不適的任何心理模式。
我愛自己、肯定自己。
我愛我的身體、肯定我的身體。
我以營養的飲食餵養身體。
我用有趣的方式鍛鍊身體。
我體認到，我的身體是一部很棒、很美妙的機器，
我深感榮幸能安住其中。
我熱愛無限的活力。
在我的生命中，一切都是美好的。

後記 生命是美好的

真不敢相信，自從寫下《創造生命的奇蹟》這本書，如今已經過了三十多個年頭，並已譯成四十多種語言，在一百多個國家出版，全球銷售量超過五千萬冊。

當初會寫這本書，原本是為了幫助我工作坊的學生及更多人改變自己的生命，當時我並不明白它究竟能幫助多少人，或者宇宙會如何成就這個夢想。從這本書完成的那一刻起，生命似乎就在告訴我：「這本書必須流傳出去，它是屬於全人類的。」我想，這本書之所以成功，是因為我有能力幫助人們改變，讓他們學會愛自己，並擺脫罪惡感的束縛。而本書內容的純粹性則使它跨越國界，為不同文化的人所接受。

某一年在洛杉磯舉辦的美國書展中，有一位來自尼泊爾首都加德滿都的書商告訴我，我的書在他經營的書店裡是最暢銷的。我把他的名片擺在我的書桌前，藉以提醒自己，我與世界各地的人都有著不可議的連結。時至今日，我的電子信箱每天仍然塞滿來自全球各地的信件，其中有許多是年輕朋友寫來的，他們就和三十多年前的讀者一樣，都因為這本書而獲得療癒。

生命循環不已

這些年來發生了許多事。三十年前，我有六年半的時間在幫助愛滋病友。剛開始只有六個人晚上在我洛杉磯的家中聚會，不到幾年的功夫，已經發展成每週超過八百人的聚會，我常戲稱它為「賀氏夜遊」。這段期間，我自己也有很大的成長，內心的格局不斷擴大，我這輩子永遠忘不了那段經歷。它持續好長一段時間，甚至在我搬離洛杉磯之後，它還持續運作著。不過，現在「賀氏支持團體」在西好萊塢已經不復存在了。

《創造生命的奇蹟》出版之後，我與「賀氏夜遊」的朋友一起上歐普拉秀，倡導跟愛滋病有關的一些正面觀念。當時，這本書榮登《紐約時報》暢銷書排行榜，而且長達十四週之久。生命將我推往許多方向發展，這使我對其生起敬畏之心。有很長的一段時間，我每週工作七天，每天長達十小時。

生命循環不已。我時而停下腳步專心進行某事，時而繼續往前邁進。有好幾年的時光，我都在享受田園之樂。我花了許多時間製作堆肥，餵養這片土地，因為真正健康的土壤才能長出最好的花卉與果實。我吃的食物大部分都是自己種的。後來，我試著在聖地牙哥市中心的高樓公寓住過一陣子，以為它的露天陽台能滿足我的園藝需求，但事實證明我錯了。現在我又回到大地，只要一有空就鋤地種點東西，收成自己種的蔬菜和水果，因為現採的蔬果是最美味又健康的！

繪畫一直是我長久以來的願望。這些年來，我也上了一些繪畫課，體驗作畫的樂趣。我有兩位很棒的繪畫老師，她們讓我的作畫技巧有很大的進步：一位是琳．海絲，她教我大型的油畫；另一位則是琳達．鮑茲，她除了激勵我以外，也鼓勵患有阿茲海默症的朋友參加團體課程，學習大型繪畫——這些朋友只有在上琳達的課時，講話才會表現正常。和其他許多人一樣，繪畫擴展了我的創造力！

過去二十多年來，我也救過一些動物。我告訴每一隻動物：「過去我無法為你們做什麼，但現在我答應你們，我會讓你們的餘生過著充滿愛與喜悅的日子。」後來，牠們各自走完生命的過程，現在全都走了。我的直覺告訴我不要再養任何寵物了，因為我必須了無牽掛地在世界各地走動。幸好，我的左右鄰居都有養狗，如此一來，我每天都可以輕鬆地解決我的「寵物癮」。

早年從事我這種工作的人並不多，因此我必須不斷到各地教學。不過，現在已經有許多優秀的老師出現，我自己也不再有那種必須拯救每個人的壓力。況且，我已經寫了超過二十五本書，製作了許多錄音及錄影資料，因此有豐富的資源可供人們學習。我現在最常做的，就是在幕後支持新作家及傑出的老師。

二〇〇八年，我獻出了我人生的另一個「第一次」——我拍了我的第一部電影！許多女演員一到了三十五歲，就會被認為年紀太大而找不到角色可演，而我卻在八十一歲成為影星。事實上，這些年來一直有人想將我的故事拍成電影，但我總覺得對的人尚未出現。

後來在二〇〇七年底，生命為我帶來了麥可．古夏恩導演，當時看見他慈愛的眼神及溫柔的笑容，我的心便告訴我：「就是這個人了！」

雖然麥可和製作人諾亞．凡納克雷森是首次接觸我的思想，但我知道，在拍攝及剪接的漫長過程中，將有足夠的時間讓這些觀念深入他們的意識。後來，這部《創造生命的奇蹟》不僅很成功，參與這部影片製作的每個人也在生活中見證了他們自己的正面轉變。

閱讀書籍是獲得訊息的好方法，觀看影片則能讓訊息更深入人的意識。我收到如雪花般飄來的信件，訴說著這部電影對人們造成的正面影響。其中最戲劇化的是一位曾被關在日本戰俘營五年的男士，他在看完這部影片後，終於寬恕了當初俘虜他的那些人，並讓自己從多年揮之不去的痛苦陰影中解脫。

許多人都對這部影片很感興趣，我因此又上了歐普拉秀兩次，暢談《創造生命的奇蹟》的書及影片。這本書在三十多年前曾蟬聯暢銷書排行榜十四週，而在出版二十多年後，它又再次登上排行榜，這幾乎是前所未有的事。

我成立了「賀書屋」

當初為了出版《創造生命的奇蹟》，我自己成立了「賀書屋」出版公司，因為當時這些思想與一般人的想法大異其趣，我不認為有人會願意出版這種書——那時候，書店裡甚至連「心理勵志書籍」的專區都沒有。反觀今日，《紐約時報》暢銷書排行榜有一半以上是心理勵志書籍。人類意識的轉變真是不可思議！我很高興自己是散布這些訊息的先驅者之一，幫助大眾了解我們有能力改變自己的人生。

此後，賀書屋就成為全球心理勵志及身心靈出版業界的佼佼者，現今甚至在澳洲、英國、南非、印度和紐約都設有分公司。這些都遠超乎我的想像，因為我本來只是想幫助那些無法親自與我碰面的人。

因此，我真的相信宇宙本身在親自指導賀書屋的發展：我們挑選出版的每一本書，往往都能幫助人們改變自己的生命，而我也樂於支持這些大有可為的作家。

有一位占星家說過，我出生時辰的命盤顯示我此生會以「一對一」的方式幫助很多很多人。當然，八十六年前尚未發明錄音機，很難解讀我的命盤所說的意思。然而拜神奇的科技之賜，我的聲音可以錄製成CD，在夜裡陪伴每一個人。我的聲音可以讓人安然入睡！

結果，許多素昧平生的朋友都覺得我們彼此認識好久了，因為我的聲音一直陪伴著他們。很棒的是，每到一個地方，人們都會用愛來歡迎我，他們覺得我就像個老朋友，曾經幫助他們走過艱難的時光。

我對「老年」的看法

我也想分享我對「老年」的看法。

不論現在是幾歲，每個人都可以放下過去的包袱，突破新的障礙。我來說說我的某個突破：

剛滿七十六歲時，我決定做一件以前因為害怕而從未做過的事：學跳舞。我從小就很想學跳舞，但一直提不起勇氣。多年來，我對自己說的都是負面的話：「下輩子我一定要當舞者！但現在學已經太遲了。」

某天，我經過一間舞蹈教室，外面有個招牌寫著：「一步一步教你學會跳舞。」我心想：「一步一步教……也許我可以做得到耶！」然後我又想：「反正我還有好幾年可活，何必等到下輩子？」

於是，新的生命體驗開始了。

頭兩個月對我來說，簡直活像個地獄！我甚至很害怕去上星期三下午的舞蹈課。但是我知道，我不能半途而廢，非得把課上完不可。第一堂課從頭到尾我都十分戰戰兢兢，殘留在心中那些小時候的垃圾開始出現：尷尬、丟臉和羞愧一下子全湧了上來。我甚至無法找到一個肯定句來搞定它。

某一天，我早年的一位老師告訴我：「露易絲，我從你的眼神中看見了恐懼。你到底在害怕什麼？」當時我答不出來。到了那天晚上，我仔細思考這個問題，發現自己內在原來有個信念：只要我做「錯」事，就可能會挨揍。這對我來說是個重大的發現。原來我的內在小孩很害怕被摑耳光，但現在我都已經七十六歲了！

於是在下一堂課，我將我的突破告訴舞蹈老師。聽完之後，她的眼眶充滿了淚水。這對我來說是個轉捩點，那些負面感受開始全部漸漸退去，我終於能將心思完全專注在自己的舞步上。到現在，好幾年過去了，我已經上過許多私人及團體的舞蹈課程，舞蹈成為我很大的樂趣，因此我經常會去跳舞。所以，親愛的朋友，如果我這把年紀都做得到，你們更是沒問題！學習新的事物，永遠不嫌晚。

我生命的第九個十年將是最精采的十年

年紀越大，健康對我來說越重要。我吃得很簡單：蛋白質、蔬菜及一些水果。雖然我現在不像以前一樣茹素，但還是吃很多蔬菜。我不再吃小麥、乳製品、糖、玉米、柑橘類水果、豆類或含有咖啡因的食物，除非是很特殊、很希有的情況下才吃一點。我也比以往更常運動。我七十五歲開始練瑜伽，每星期都會去上幾堂瑜伽課，所以現在我的身體比小時候還要柔軟。此外，我也去上彼拉提斯課，然後每星期健走三次，一次一小時。這些運動都有助於我保持良好的身體狀況。

二○○七年十月，我舉辦了八十歲的生日派對，場面熱鬧萬分。整個賀書屋的家族成員及作家齊聚一堂，我愛他們每一個人，而當天我的許多朋友也出席了。我在大家面前宣布，接下來的十年將是我生命中最精采的十年！在場所有人聽了都好開心。我還收到「露易絲．賀」玫瑰，真高興竟然有玫瑰花是以我的名字命名的！這真是讓我的心深受感動，因為即使我離開人世，這些快樂的回憶也將永存不渝。另外，我還收到一株美麗的「露絲．賀」蘭，它是黃色的蘭花（這種蘭花只能種在南加州地區的戶外）。那一整晚，真的讓我的「第九個十年」有了最美好的開場。

誰也不知道接下來的二十年會發生什麼事。雖然我會有一些想法，但生命總是知道得比我多。接下來我想教導的主題是：如何讓死亡成為充滿喜悅的體驗。我們對死亡懷有太多負面的想法，然而死亡是一種很正常、很自然的過程。有生就有死，那麼我們為何如此害怕死亡，對出生卻毫不畏懼？我現在覺得，只要學會活出喜悅的人生，自然也會有一個充滿喜悅而無憾的死亡。我想，我得讓大家了解這種告別人間的方式會是什麼樣子。我會繼續探索這個部分，並與你們分享我的發現。

一切都平安順利。生命是美好的！

在我無盡的生命中，一切都是完美、圓滿而完整的。
我們每個人，包括我，
都以對自己最有意義的方式體驗了生命的豐富與圓滿。
現在，我帶著愛回顧過往，並選擇從舊有的經驗中學習。
這其中沒有對錯、沒有好壞。
過去的已經過去了，存在的唯有當下的體驗。
我愛我自己，因為是它把我從過去帶到現在。
我與人分享我的真實面目，
因為我知道，在靈性上，我們都是一體的。
在我的生命中，一切都是美好的。

國家圖書館出版品預行編目資料

創造生命的奇蹟──影響五千萬人的自我療癒經典／露易絲．賀（Louise L. Hay）著；謝明憲譯. -- 初版. – 臺北市：方智，2012.09
296面；14.8×20.8公分. --（方智好讀系列；19）
譯自：You Can Heal Your Life

ISBN 978-986-175-279-2（平裝）
1. 自我實現　2. 生活指導

177.2　　101014281

Eurasian Publishing Group
圓神出版事業機構
用心與你對話．視野無限寬廣
方智出版社
Fine Press

www.booklife.com.tw　　reader@mail.eurasian.com.tw

方智好讀 019

創造生命的奇蹟──影響五千萬人的自我療癒經典

作　　者／露易絲．賀（Louise L. Hay）
譯　　者／謝明憲
發 行 人／簡志忠
出 版 者／方智出版社股份有限公司
地　　址／台北市南京東路四段50號6樓之1
電　　話／（02）2579-6600．2579-8800．2570-3939
傳　　真／（02）2579-0338．2577-3220．2570-3636
郵撥帳號／13633081　方智出版社股份有限公司
總 編 輯／陳秋月
資深主編／賴良珠
責任編輯／黃淑雲
美術編輯／劉鳳剛
行銷企畫／吳幸芳．施伊姿
印務統籌／林永潔
監　　印／高榮祥
校　　對／賴良珠
排　　版／陳采淇
經 銷 商／叩應股份有限公司
法律顧問／圓神出版事業機構法律顧問　蕭雄淋律師
印　　刷／祥峯印刷廠
2012年9月　初版
2024年7月　66刷

定價 280 元　　ISBN 978-986-175-279-2　